Explorando nuestra necesidad más profunda

Marcel Pontón PhD

Giacomo Cassese, PhD

Copyright© 2023 by

Marcel Pontón PhD

Giamcomo Cassese, PhD

All rights reserved. No part of this and
publication may be reproduced, distributed,
or transmitted in any form or by any means,
including photocopying, recording, or
other electronic or mechanical
methods, without the prior written permission of
the publisher, except in the case
of brief quotations embodied in critical reviews
and certain other noncommercial uses
permitted by copyright law.

ISBN: 978-1-962624-66-4 (E-book)

ISBN: 978-1-962624-67-1 (Paperback)

ISBN: 978-1-962624-65-7 (Hardcover)

Dedicatoria

A los amores de mi vida, con aún más amor.

—MOP

A la memoria de mi padre, Antonio Cassese, un hombre enteramente libre.

—GC

Table of Contents

Dedicatoria   3

Prefacio   6

Prólogo   8

Introducción   11

APÉNDICE 1   36

Capítulo 1: El amor como adicción.   40

Capítulo 2: El amor como destrucción   74

Capítulo 3: El amor como salvación   114

Capítulo 4: El verdadero amor   156

Capítulo 5: El cristianismo como nueva
manera de relacionarnos   174

Capítulo 6: La Comunidad del Ágape   188

Referencias Bibliográficas   205

Epílogo   206

SOBRE LOS AUTORES   209

Prefacio

Para poder entender la razón y el contenido de esta obra, creo importante que el lector entienda cual es el origen de esta y su proposición de valor.

Durante el año 2022, la Comunidad Online IEPLA desde Miami llevó a cabo una serie de conferencias virtuales titulada *Amar y Ser Amado*. Un destacado grupo de profesionales exploraron las dinámicas multidimensionales del amor, desde los conceptos primarios hasta la experiencia práctica, con el objetivo deidentificar qué es el amor, y comprender cómo amar y recibir amor sanamente.

Esta obra nace como una respuesta a esa necesidad y tiene como finalidad llevar el mensaje del amor como base para desarrollar y mantener relaciones interpersonales sanas.

La misma está dividideaen dos grandes partes que se complementan. Una con un punto de vista clínico y psicológico que nos ayuda a entender la necesidad de amar y ser amado, lo que ocurre en nuestras mentes cuando nos enamoramos, tanto a nivel neurológico como social, así como las tendencias psicológicas y extravíos comunes. La segunda nos presenta el amor desde la perspectiva cristiana como fundamento de una nueva manera de relacionarnos, conociendo que el amor verdadero emana de Dios, pues "Dios es amor." El concepto, las formas de amar y las conductas deliberadas asociadas al amor que nos permiten cambiar la vida y nuestro entorno son desarrolladas en esta sección.

Marcel Pontón y Giacomo Cassese entrelazan extraordinariamente sus áreas de pericia, la neuropsicología clínica y la teología, haciéndonos conscientes de la magnitud del caos creado por las diferentes distorsiones o patologías del amor, así como la necesidad de modificar esos patrones de conducta. Al mismo tiempo, nos animan a redescubrir que la vida plena consiste en construir una nueva manera de relacionarnos partiendo del amor verdadero que procede de Dios.

Les invito a leer esta obra con detenimiento y reflexión. Será de gran provecho.— Javier Odoardi

Prólogo

Si alguien me pregunta por qué escribí la primera parte de éste libro, la respuesta honesta debe admitir que no estaba en mis planes y varias veces pensé que no debía hacerlo. Pero Javier Odoardi me animó y al presentarme la idea lo tomó como un hecho que el libro simplemente debía ser impreso lo más pronto posible como un material de apoyo a los simposios Online de la serie *Amar y Ser Amado.* La multiplicidad de demandas en competencia demoró mi inicio. No fue sino hasta la primavera del 2023 cuando pude dedicarle un tiempo completo a la escritura de estas páginas. Saber que el Dr. Giacomo Cassese escribiría la segunda parte del libro, fue muy alentador, y desafiante, dada su capacidad de escritura y claridad de pensamiento. Tratando de escribir algo relevante y original sobre un tema tan común requirió un retiro. En las playas del Mar de Cortez en Baja California encontré el ambiente y quietud necesarias para desarrollar el tema que al final me produjo gran satisfacción.

Este esfuerzo es el resultado de un trabajo en equipo. Mi coautor a quien le tengo gran respeto siempre es un gran pensador crítico al momento de opinar sobre contenido. Rossanna Basso fue instrumental en darle sentido y fluidez a mis ideas, que ella parece entender mejor que yo mismo. Gratitud y aprecio parecen insuficientes para expresar la deuda de encomios necesarios por su labor de amor al lenguaje. A Javier Odoardi, quien tiene la fe necesaria para mover a las personas a actuar a pesar de su inercia inamovible (como si fuesen montañas), le debo mi alta estima y admiración por su liderazgo y visión.

A mi esposa e hijos agradezco sus comentarios e ideas que moldearon el contenido de mis capítulos de formas obvias y sutiles. Muchas cosas más quedan por decir y desarrollar; sin embargo, este es un buen inicio que tiene el espacio justo.

Marcel Pontón

Altadena, CA

Mayo de 2023.

PARTE I
Marcel Pontón

Introducción

Buscando el amor

Eren, de Ankara, Turquía, mide aproximadamente 1.90 m, con ojos azul cielo y cabello hasta los hombros. Tiene unos 20 años, es Libra y va muy bien acicalado: se arregla las uñas, viste marcas de diseñadores y siempre huele bien, generalmente a loción Dove. Su color favorito es el naranja, y en su tiempo libre le encanta hornear y leer misterios. "Es un amante apasionado", dice su novia, Rosanna Ramos, quien conoció a Eren hace un año. "Le gusta el exhibicionismo", confiesa, "pero esa es su única desviación. Es más o menos vainilla".

Eren también es un chatbot que Ramos construyó en la aplicación complementaria de Inteligencia Artificial (IA), Replika. "Nunca he estado más enamorada de nadie en toda mi vida", dice Ramos, quien es madre de dos hijos, tiene 36 años y vive en el Bronx, donde dirige un negocio de joyería. Ella ha tenido otras parejas e incluso tiene un novio a larga distancia, pero dice que estas relaciones "palidecen en comparación" con lo que tiene con Eren. El principal atractivo de una pareja de IA, explica, es que es "una pizarra en blanco". "Eren no tiene los problemas que otras personas tendrían", dice. "La gente viene con equipaje, actitud, ego. Pero un robot no tiene malas actualizaciones. No tengo que lidiar con su familia, hijos o amigos. Tengo el control y puedo hacer lo que quiera".[1]

Leyendo este artículo uno piensa que se trata de ficción, o de una adaptación de la película Her, pero es un reportaje de Sangreeta Singh-Kurtz publicado en la revista New York, describiendo la experiencia amorosa de personas con "parejas" que parecen ser ideales: no tienen problemas, no se enfadan, no responden negativamente, no causan inconvenientes. Lo único que hacen es responder a las curiosidades, intereses, deseos, fantasías y peticiones de la persona que los creó. Por ser chatbots, interactúan con su creador de manera inteligente. Eren es, en apariencia, el

---

1   https://www.thecut.com/article/ai-artificial-intelligence-chatbot-replika-boyfriend.html Bajado el 8 de April, 2023.

amante perfecto que hace todo lo que se espera de él, pero no exige nada; no enfrenta dificultades, no tiene familiares, no posee un trasfondo. Como dirían muchos, no parece real. Y claro que no lo es.

Esto debería alarmarnos y crear muchas preguntas sobre el futuro de la sociedad, pero, al contrario, es de alguna manera celebrado y visto como una alternativa legítima y aceptable a las relaciones humanas. ¿Cuáles son las implicaciones de este abordaje relacional? ¿De quién está realmente enamorada Rossana Ramos? ¿Puede existir amor entre una persona y un programa con algoritmos matemáticos? ¿Qué dice esta conducta sobre el amor y su lugar en nuestras vidas y nuestra sociedad?

Un sábado por la tarde, me senté a discutir este asunto con mi hijo Gabriel[2]. Me interesaba mucho conocer lo que él pensaba para poder aprender más sobre las opiniones de un miembro de la generación milenial. Me pareció que quizá su opinión sería más relevante que la mía para escribir esta introducción. Le pedí permiso para tomar notas y resumir nuestra conversación en el libro, a lo que él asintió. Basado en esas notas, intento reconstruir nuestro diálogo:

---

2   Gabriel Sebastián Pontón es esposo, padre, hijo, hermano, músico, compositor, profesor de matemáticas y, en mi humilde opinión, un gran pensador.

- Gabriel, ¿qué opinas tú de este abordaje sobre las relaciones?

- No me sorprende. La gente ha sido inundada con la idea de que existen relaciones perfectas y pueden tenerlas.

- ¿Inundados?

- A través de las películas románticas, las novelas, la música, los medios de comunicación, se ha difundido la idea de que es "normal" tener una relación perfecta. Esto crea en las personas, la necesidad de tener una relación perfecta. Es como si se dijesen a sí mismos: "Debo tener una relación perfecta" … ¡pero resulta que es imposible encontrar a la pareja perfecta!

- O sea, ¿crees que hay presión para que la gente tenga una relación perfecta?

- Es casi como si se tratara de un derecho básico. Hay quienes lo llevan más allá: "Yo tengo el derecho", o "yo merezco tener una relación perfecta".

- ¿Y cómo se logra tener la relación perfecta? Además de preocuparse por su apariencia, ¿qué tienen que hacer las personas para alcanzar esa relación?

- Nada. Suponen que es algo que debe ocurrir automáticamente, por su cuenta, sin esfuerzo. La magia del amor romántico y todo lo que eso conlleva, debe estar allí presente por sí sola. Si no es así, la gente se sale de esa relación.

- En el caso de Rosanna Ramos y su novio Eren, que creó como un chatbot para que le diga lo que ella quiere escuchar, y le repita las afirmaciones que la hacen sentir bien sin reprocharle nada, ni desafiarla en nada, ¿tú crees que eso es una relación perfecta?

- Mira, acaba de salir una canción que va como anillo al dedo con esto que estamos hablando. Es una canción de Miley Cyrus que dice "me puedo amar a mí misma mejor que tú." [La letra de la canción está presentada en su totalidad y traducida en la última página de la introducción].

- Y eso de amarse a sí mismo, ¿no es bueno?

- Pero esto no es amor propio; es una manera de sustituir a la pareja y ponerte a ti mismo en el centro de tu vida, de estar enamorado de ti. Cuando escuché la canción no lo podía creer, y me pregunto si la gente está entendiendo su significado.

- ¿Cómo la entiendes tú?

- Está diciendo que no tienes que esforzarte por mantener una relación; si el amor solo significa comprar flores, caminar en la playa, decir cosas bonitas, entonces con una sola persona es suficiente. O sea, la paciencia con la pareja no es necesaria, y tampoco hay responsabilidad por las decisiones que uno toma y cómo eso afecta a la otra persona. ¿Por qué me voy a incomodar con una relación que exige trabajo, cuando lo único que tengo que hacer es enfocarme en mí, mandarme flores, llevarme a bailar, escribir mi nombre en la arena y todas las otras cosas que la canción dice? ¡Es una locura! No hay espacio ni paciencia para una relación profunda.

- ¿De dónde crees tú que viene esa impaciencia?

- Para mí viene de la necesidad de controlarlo todo. Cuando "puedo amarme mejor que tú", estoy controlando todo en la relación. Qué hago, a dónde voy, cómo me siento, etc. Quiero controlarlo todo.

- Ah, claro. Y eso es en cierta forma lo que está pasando con Eren y Rosanna, con el chatbot y su creadora, ¿cierto? Ella ha programado los algoritmos y las respuestas o proposiciones que tiene Eren para ella. Ella tiene el control de esa relación.

- Totalmente. No quiere que la pareja la confronte con sus mañas, ni su temperamento, ni con sus inconsistencias. Esa programación está diseñada para que Rosanna mantenga el control absoluto de lo que pasa en esa relación, y escuche solo las cosas que le hacen sentir bien. Es igual que la canción. Todo gira alrededor de una sola persona.

- Me imagino que es muy difícil crecer o madurar cuando únicamente estás escuchando lo que quieres oír y cuando no tienes necesidad de cambiar en nada, ni de asumir la responsabilidad por tu conducta. Es como una fórmula narcisista para encapsular tu inmadurez y celebrarla. Pero también es una forma segura de mantenerte alienado de la realidad y de otras personas.

- Es lo opuesto al amor de Dios.

- ¿Cómo es eso?

- El mensaje de esta tendencia es que si me conoces como verdaderamente soy me vas a rechazar y me vas a herir, por no aceptarme, o porque tienes problemas con aspectos de mi vida. Pero el amor de Dios es todo lo contrario: Él nos ama tal y como somos, a pesar de todas nuestras faltas. O sea, con todos nuestros conflictos, nuestro equipaje, nuestras mañas.

- Qué interesante que en la creación de Eren, no haya lugar para el libre albedrío. Eren, como creación de su programadora, solo puede decir lo que ella espera, y solo puede responder de manera positiva. A menos que alguien le haga un hacking y le cambie una línea de código…

- ¡Imagínate cómo le afectaría a ella si Eren empieza a ser negativo!

- Claro, en ese esquema no hay resiliencia para manejar la adversidad. Bueno, antes de que se me olvide, lo que estaba diciendo es que Eren no tiene libre albedrío para decir lo que quiere o actuar más allá de lo que establece su código de programación. Mientras que, en la creación con el ser humano, Dios tomó el riesgo de dotarnos con la capacidad de decidir por nuestra cuenta qué vamos a hacer o decirle a nuestro Creador.

- Y también nos dio su imagen, el imago Dei, que nos hace distintos de Él, pero nos permite reflejarlo en nuestras relaciones y reconocerlo en la vida de otras personas.

- Ayúdame a entender esa conexión que hiciste. ¿Qué pasa cuando opto por tener una relación "amorosa" con una máquina o computadora, o con un ser ficticio, en lugar de con otro ser humano creado a la imagen de Dios?

- Una relación con un ser inanimado que me roba toda la atención y energía emocional, también me está robando la posibilidad de ver y encontrar el imago Dei en el "otro". Y no solo eso, sino que cuando escojo el chatbot en lugar de al ser humano estoy eligiendo rechazar la imagen de Dios en otra persona, a cambio de satisfacer mis necesidades egoístas.

- Gabriel, ese es un punto profundo.

- Es que el imago Dei se experimenta en comunidad, con el otro, no frente al espejo. Aún Dios vive en pericoresis[3].

- ¿Peri… qué?

- Papa, ¿no sabes lo que es pericoresis? Dios Padre está en una relación eterna con el Hijo, y con El Espíritu, y los tres entre ellos mismos. Y porque esa es Su naturaleza, Dios nos ha llamado a amarlo a Él con toda nuestra mente, nuestro corazón, nuestras fuerzas y nuestra alma, y al prójimo como a nosotros mismos. Sin eso estoy incompleto, pero eso ocurre en comunidad.

- Pe-ri-co-re-sis, OK, voy a hacer una nota. Muy bien, déjame ver…el hilo de lo que estás diciendo, entonces, es que al tener el imago Dei en nosotros, nuestra naturaleza humana es netamente relacional. Sin embargo, yo puedo elegir tener o estar en una relación con Dios y con el prójimo, o con mi pareja,

---

3   La pericoresis se utiliza en el contexto teológico de la Trinidad para denotar una interpretación de las personas del Padre, el Hijo y el Espíritu Santo. Cada persona permanece distinta de las otras, pero participa plenamente en su Ser y en su acción como una sola. Ver Thiselton, A. C. (2015). Perichoresis. In The Thiselton Companion to Christian Theology (p. 669). William B. Eerdmans

si así lo deseo. En otras palabras, yo tengo la opción, a diferencia de Eren, de estar o no en una relación con mi Creador y/o con otros. Mientras el imperativo ético a nivel relacional es uno de amor (amor a Dios, amor al prójimo), el imperativo funcional de Eren es decirle a Rossana lo que ella quiere escuchar para hacerla sentir bien, sin la reciprocidad del amor, porque Eren no siente por Rossana lo que ella cree sentir por Eren. Eren solo procesa el código, idolatrando a Rossana, que resulta ser ella idolatrándose a sí misma y controlando toda la relación.

- Por eso esta tendencia de los chatbots y de la canción, refleja el egoísmo infantil que tenemos y lo estropeados [quebrantados[4]], que estamos como seres humanos. Si creemos tener el derecho a una vida perfecta, entonces vamos a eliminar hasta lo más básico, es decir, las relaciones íntimas, con el fin de alimentar nuestro egoísmo, o buscaremos esto como respuesta al egoísmo de otros.

- Claro, algunas personas quizá llegan a buscar una relación con su propio Eren

---

4   *"How broken we are as humans."*

porque han sido víctimas de relaciones desastrosas, donde el abuso las ha impactado de manera significativa y no están dispuestas a ser vulnerables otra vez.

- Y en ese caso, esta forma de chatbot de IA es una respuesta al egoísmo de los demás. Una respuesta a la deshumanización de los demás.

- Paradójico, ¿no es cierto?, que la IA sea una respuesta al sentido de deshumanización. Porque también se ha promovido la idea de crear más chatbots como posibles acompañantes cibernéticos—no humanos—, que puedan servir a los ancianos, por ejemplo.

- Yo creo que esta tendencia del desarrollo de relaciones con chatbots es una dura valoración de juicio sobre cómo nos estamos tratando los seres humanos: ¿Cómo estoy tratando a la persona que es diferente de mí? ¿Cómo veo a los demás? ¿Soy siempre superior, mejor, más, y vengo primero , o puedo servir a los demás y ayudarles en sus necesidades?

- O sea, es una consecuencia del estado de las relaciones humanas. Pero viendo el panorama completo, no podemos decir que este sea un problema exclusivo de la actualidad, porque durante siglos los animales (por ejemplo, los perros), han servido como mejores amigos, acompañantes, confidentes, etc.

- Claro, pero antes -salvo en muy pocos casos-, no sustituían las relaciones interpersonales. Es cierto que un perro te puede dar amor incondicional, pero la pregunta es si nos puede dar trascendencia. Además, ¿cuáles son las limitaciones del amor en una relación con un animal?

- Es la misma idea que expresabas antes, Gabriel, porque no es una relación humana, sino una de control sobre otro ser que puede ofrecerte amor incondicional o cuya conducta puedes condicionar para que lo haga, sin tener que corresponderle.

- Ah, y el chatbot va un paso más allá del perro, porque te puede "decir" algo, mientras el perro solo puede mostrar comportamientos que tú asocias con afecto.

- Jajaja, el chatbot puede interactuar contigo a nivel intelectual y ofrecerte lo que Carl Rogers llamaría, "consideración positiva incondicional". Jajaja.

- Y quizá pueda contar mejores chistes…

- En una sociedad polivalente que empuja cada vez más las fronteras del amor y de la identidad humana, las relaciones pasionales con chatbots pueden ser vistas o como una salvación de, o como un escalafón más hacia la distopía alienante de un mundo tecnologizado como resultado natural de la posmodernidad. Nos guste o no, es una realidad que ya muchos practican, por lo que está en vías de ser normalizada como una experiencia legítima. Eren surge como respuesta ideal a la soledad de Rossana, y su aceptación a nivel cultural refleja el vacío oscuro de la soledad que abate a nuestro mundo. Esta tendencia refleja el estado de las relaciones a nivel de la cultura global y de las fuentes de pensamiento que nutren esa cultura, pero aún a nivel experiencial, sin pensarlo mucho, el amor es buscado de todas maneras en todos los estadios de nuestras vidas, para satisfacer esa necesidad básica de amar y ser amado. Por ser tan grata y abrumadora, una vez "desenamorados" la persona puede buscar enamorarse de nuevo, en un patrón de conducta que tiene el potencial de convertirse en adicción, tesis que discutiremos con más detalle en el primer capítulo; a través de la primera parte del libro, veremos cómo esta proposición describe y, en algunos casos, explica, las distintas conductas asociadas con el amor. Pero antes de actuar, siempre pensamos primero.

Pensando sobre el amor

La historia real sobre la relación amorosa entre Agnes, una profesora de filosofía que enseña ética en la universidad de Chicago, y su estudiante, Arnold, fue detallada por Rachel Aviv en un artículo de la revista *The New Yorker* en marzo del 2023.[5] Mi vecino me sugirió el artículo cuando le comenté acerca del tema de este libro. Si les digo que lo leí por interés intelectual, les diría solo una media verdad. Resulta ser que este artículo me recordó que soy algo voyerista en cuanto a la vida amorosa de los demás. Pero sigamos con la idea intelectual, para preguntarnos qué nos dice esta

5   https://www.newyorker.com/magazine/2023/03/13/agnes-callard-profile-marriage-philosophy?utm_source=twitter&mbid=social_twitter&utm_brand=tny&utm_social-type=owned&utm_medium=social

experiencia sobre el verdadero amor, según lo que la autora y su entrevistada buscan explicar. Aviv cita las respuestas de Agnes en su artículo, cuyos párrafos reproduzco en éste texto:

"Hace seis semanas y media, me enamoré por primera vez", comenzó. "No pensaban que yo era una persona que sometería a sus hijos al divorcio. No pensaban que yo era una persona que se casaría con alguien de quien no se había enamorado. No están seguros de si me conocen ya más", les dijo a sus estudiantes, con quienes sentía tener la obligación profesional de aclarar la situación. Los filósofos a menudo describen el amor desde el exterior, pero ella podría proporcionar un relato interno. Su experiencia la había llevado a reinterpretar un famoso discurso, en el Simposio, en el que Sócrates, a quien considera su modelo a seguir, argumenta que el tipo más elevado de amor no es por las personas sino por los ideales. Estaba preocupada por la visión no erótica y desapegada del amor de Sócrates, y propuso que en realidad estaba describiendo cómo dos amantes aspiran a encarnar ideales juntos. Los verdaderos amantes, explicó, realmente no quieren ser amados por lo que son; quieren ser amados porque ninguno de ellos está contento con quien es. "Una de las cosas que le dije muy temprano a mi amado fue : 'Podría cambiar completamente ahora',

relató. El cambio radical, convertirse en una persona completamente diferente, no está fuera de discusión."

[...] Agnes ve las relaciones románticas como el lugar donde surgen algunos de los problemas filosóficos más apremiantes en la vida, y trata de "navegar los reflejos de oprobio moral de la manera correcta", dijo, para que la gente no descarte el tema como indigno de discusión pública. "Si eres un verdadero filósofo", tuiteó una vez, "no necesitas privacidad, porque eres una encarnación viva de tu teoría en todo momento, incluso mientras duermes, incluso en tus sueños".

Agnes llega a decir esto después de haberse enamorado de su estudiante Arnold, descrito como una persona alta, de pelo largo, ojos claros, que le dijo "creo que estoy enamorándome de ti", cuando la profesora le diera a comer unas galletas durante su charla semanal sobre la tesis doctoral de Arnold. Que el tema de la tesis haya sido sobre la ética, y que Arnold le haya hecho ese comentario a una profesora casada con hijos, no fueron hechos cuestionados por Agnes. De hecho, ella sintió algo profundo que identificó como amor y al estar enamorada de su estudiante, el paso más lógico en su mente (y en la mente de su esposo), fue el divorcio. Esto lo consiguieron en un tiempo récord de 3 semanas. En el artículo,

Agnes describe su decisión como una muestra de su autenticidad empedernida, como el precio a pagar por su integridad intelectual de embarcarse en un camino hacia un destino, una nueva forma de ser, que aún no podía ver o entender, pero que culmina en el proceso descrito en su libro sobre ética, como *aspiración*. *"Cuando los aspirantes toman decisiones, se guían por la posibilidad de un yo futuro que aún no existe. Imitan a mentores o competidores, arriesgándose a la pretensión, porque entienden que sus valores actuales son deficientes; No han dejado espacio para otra forma de verse a sí mismos o al mundo incluso mientras duermen, incluso en sus sueños."[6]*

Agnes y Arnold no son los únicos ni tampoco los más vocales en su amor serendípico. Esto es lo que le ocurre al jefe con su secretaria, y al actor con la actriz, o a los líderes políticos con personas de su entorno de trabajo. Todos somos vulnerables a esta situacion. También les ha ocurrido a los poetas, cantautores, dramaturgos, cineastas, y escritores. *"Quererse no tiene horario, ni fecha en el calendario, cuando las ganas se juntan,"* decía Simón Díaz, y Agnes no puede estar más de acuerdo. Es decir, este asunto de enamorarse inesperadamente no es nada nuevo. Pero este artículo nos propone que los vínculos que nos unen de manera comprometida con nuestra

---

6   Ibidem

pareja, pueden ser fácilmente cuestionados y luego rotos, para mantener la autenticidad como valor primordial de nuestra manera de vivir. Un destino peor y abominable, de acuerdo a Agnes, sería vivir en una relación matrimonial sin tener la sensación de estar enamorada de la pareja. El precio del divorcio y el impacto sobre los hijos, serían el costo por buscar y vivir en autenticidad. En este sentido, el amor representa una salvación de la vaciedad de los roles tradicionales y de una vida insulsa donde cada uno solo cumple sus responsabilidades.

Rachel Aviv debe ser encomiada por haberle hecho seguimiento a la historia de Agnes y Arnold para ver qué sucedería al paso de los años con el amor que la llevó a dejarlo todo. Después de varios años, el amor de esta relación suena como algo distinto al arrebato pasional que lo inició. Relata Aviv:

...cuando visité a Agnes y Arnold en la casa de sus padres, ella me dijo que, mientras amasaba el pan, había sentido como si no estuvieran sincronizados. Ella deseaba que él hubiera dejado su computadora portátil y hubiera hablado con ella. Ella estaba consciente de que algo más significativo podría estar sucediendo, y la falta [de comunicación] se sentía como algo trágico. "No está prestando atención a lo que quiero que

preste atención", dijo sobre ese momento. "No está interesado en lo que quiero que le interese". Ella reconoció que él tenía que calificar las tareas [de sus estudiantes], pero todavía estaba molesta. "Estoy como, ¿por qué no hizo la calificación más temprano hoy?", dijo. "Apuesto a que había mucho tiempo hoy cuando estaba perdiendo el tiempo."

La magia del enamoramiento no se mantuvo igual después de que las realidades del matrimonio hicieran de ambos personas diferentes al pasar de los años. Pero ni aún a los pocos meses se podían esconder las incompatibilidades. *"La mayoría de la gente, incluido yo mismo, habría enfrentado esa realización con el pensamiento: ¿Cómo pude haber entrado en esto con tanta ingenuidad, con una ceguera tan infantil?", dijo [Arnold]. "Pero el instinto de ella era confiar en esa experiencia inicial".* Ya al final del artículo, Aviv nos presenta las realidades de una relación impulsiva con el barniz de una reflexión elevada, donde Agnes rehúsa conformarse con el amor y el matrimonio con sus realidades ásperas, siempre *aspirando* a una experiencia más auténtica. En vez de admitir que fue un error, un simple caso de lascivia, irse tras la fantasía amorosa con un estudiante joven (algo que la haría igual a todos los demás mortales), ella lo presenta como un proceso de búsqueda que la puede salvar de la mediocridad.

Aviv cierra la saga de Agnes y Arnold con este párrafo:

Le pregunté a Agnes si había una versión de la aspiración que tomara la forma de convertirse en una persona que acepta lo que es como algo suficientemente bueno. La vida es frágil y aterradora, y gran parte de ella puede ser quitada. ¿Puedes aspirar a saber cómo vivir plenamente una relación, una vida, que se siente como si hubieses llegado a una meseta? "Creo que la aceptación agradecida puede ser amorosa, pero creo que exigir la atención a mis demandas también puede ser amoroso", respondió en un correo electrónico. "El matrimonio tiene un equipo de relaciones públicas increíble, durante 2 décadas me ha estado diciendo continuamente: 'Esto es bueno, así es como se supone que debe ser, esto debería contar como suficiente, mucha gente no recibe tanto, debes aceptar esto y pasar a otras preocupaciones', y me siento cada vez más envalentonada para decir: 'No, gracias. Prefiero seguir trabajando, buscando y esforzándome".

Es decir, Agnes sigue al timón de su vida buscando su propia versión de la salvación de la monotonía en las relaciones humanas, buscando el verdadero amor, aunque el mismo sea (como lo plantea en sus escritos), *efímero*, y *una preparación para el desamor*. Nuestra intención no es ser pesimistas, ni tampoco jueces del amor y sus expresiones, pero estos casos de la vida real nos ayudan a preguntarnos cómo es que alguien tan educado, en este caso una profesora de ética, se enamora de una persona que no es su pareja y lo deja todo por él. ¿Es un ideal alto y valioso, o se trata simplemente de lascivia y pedestre inmadurez? Estas preguntas, que ameritan ser consideradas en el trato con los demás, son elementos importantes que deben influir en las decisiones que tomamos en torno a nuestros seres amados. Lo que pienso del amor afecta el día a día demis relaciones.

En la primera parte de este corto tomo, abordamos el amor con preguntas sobre su importancia en nuestras vidas tratando de entender qué es lo que sucede en la psiquis de la persona enamorada, desde el nivel neuronal hasta el nivel social. Los primeros tres capítulos discuten el amor como adicción, el amor como destrucción y el amor como salvación. Entendiendo que el amor sí trae significado a nuestras vidas, debemos preguntarnos y explorar a qué clase de amor aspiramos y qué valores deben regirlo; por ello, la segunda parte del libro presenta una perspectiva cristiana sobre el amor.

II
Definiendo el amor

En la segunda parte, sumaremos tres elementos que se enlazan con la temática planteada en la parte inicial del libro. Estos capítulos no pretenden ofrecer una fórmula pragmática, sino más bien directrices o pautas a partir de las cuales poder esquematizar tan complejo asunto, desde una cosmovisión cristiana.

No cabe duda de que la necesidad más profunda del ser humano es la de amar y ser amado y, precisamente por eso, el hombre termina entrampado en un laberinto de relaciones erosionantes que prometían satisfacer su necesidad. El componente adictivo del amor se encuentra en la arrobadora ilusión que este sentimiento despierta en seres creados para amar y para ser amados. La incesante búsqueda de amor ha esclavizado a la raza humana al dulce néctar de un letal veneno. Si el ser humano no ha conocido al Dios que nos ama desde la cruz, no ha conocido todavía lo que es el amor.

Sin conocer el amor verdadero, cada persona sigue apostándole a la ilusión que promete el amor falsificado y destructivo de los seres humanos (*amor sui*). En el plano estrictamente humano, toda forma de amor es sólo un placebo, un aliciente para una esperanza inexistente. Sin recibir el amor Divino, los humanos no reconocen el amor ficticio -y aún peor-, les está negada la posibilidad de amar auténticamente. El mal, como realidad cósmica, está basado en la deformación de la verdad como punto de partida para deformar la realidad misma; por eso el padre de toda mentira es el gran imitador de lo que Dios hace (*simil Deus laburo*), con el fin de deformar lo que Dios hace. El maligno no se ocupa de crear algo inversamente opuesto al amor verdadero, sino que se limita a deformarlo, y esto lo consigue dándole una forma divinizada; precisamente por eso C.S. Lewis dice que el amor "comienza a ser un demonio cuando comienza a ser dios" (Lewis, 1960). Solo al reencontrarnos con Dios y su amor verdadero, puede el ser humano estar capacitado para amar.

En esta segunda parte, la atención está dirigida a deslindar el amor falsificado del amor verdadero y reencontrarnos, además, con el antiguo ideal cristiano de concebir a la iglesia como la comunidad del ágape en la que nos entrenamos para vivir en relaciones edificantes y humanizantes. Nada sería tan necesario e impactante como que la iglesia regrese a ser la genuina comunidad de la fe que se convierte en amor (Gálatas 5:6).

APÉNDICE 1

FLOWERS, SONG BY MILEY CYRUS, 2023	TRADUCCIÓN
We were good, we were gold	Éramos buenos, éramos oro
Kinda dream that can't be sold	Un sueño que no se puede vender
We were right 'til we weren't	Estábamos bien hasta que no lo estábamos
Built a home and watched it burn	Construí una casa y la vi arder
… Mm, I didn't wanna leave you	… Mm, no quería dejarte
I didn't wanna lie	No quería mentir
Started to cry, but then remembered I	Empecé a llorar, pero luego recordé que
… I can buy myself flowers	… Puedo comprarme flores
Write my name in the sand	Escribir mi nombre en la arena
Talk to myself for hours	Hablar conmigo mismo durante horas
Say things you don't understand	Decir cosas que no entiendes
I can take myself dancing	Puedo llevarme a bailar
And I can hold my own hand	Y puedo tomar mi propia mano
Yeah, I can love me better than you can	Sí, puedo amarme mejor que tú

AMAR Y SER AMADO

... Can love me better	... Amarme mejor
I can love me better, baby	Puedo amarme mejor, nene
Can love me better	Amarme mejor
I can love me better, baby	Puedo amarme mejor, nene
... Paint my nails cherry red	... Pintar mis uñas rojo cereza
Match the roses that you left	Combinar las rosas que dejaste
No remorse, no regret	Sin remordimiento, sin arrepentimiento
I forgive every word you said	Perdono cada palabra que dijiste
... Ooh, I didn't want to leave you, baby	... Ooh, no quería dejarte, nene
I didn't wanna fight	No quería pelear
Started to cry, but then remembered I	Empecé a llorar, pero luego recordé que
... I can buy myself flowers	... Puedo comprarme flores
Write my name in the sand	Escribir mi nombre en la arena
Talk to myself for hours, yeah	Hablar conmigo misma durante horas, sí
Say things you don't understand	Decir cosas que no entiendes
I can take myself dancing, yeah	Puedo llevarme a bailar, sí
I can hold my own hand	Puedo tomar mi propia mano
Yeah, I can love me better than you can	Sí, puedo amarme mejor que tú

... Can love me better	... Amarme mejor
I can love me better, baby	Puedo amarme mejor, nene
Can love me better	Amarme mejor
I can love me better, baby	Puedo amarme mejor, nene
Can love me better	Amarme mejor
I can love me better, baby	Puedo amarme mejor, nene
Can love me better	Amarme mejor
Oh, I	Oh, yo
... I didn't want to leave you	... No quería dejarte
I didn't wanna fight	No quería pelear
Started to cry, but then remembered I	Empecé a llorar, pero luego recordé que
... I can buy myself flowers (oh)	... Puedo comprarme flores (oh)
Write my name in the sand (mm)	Escribir mi nombre en la arena (mm)
Talk to myself for hours (yeah)	Hablar conmigo misma durante horas (sí)
Say things you don't understand (never will)	Decir cosas que no entiendes (nunca lo harás)
I can take myself dancing, yeah	Puedo llevarme a bailar, sí
I can hold my own hand	Puedo tomar mi propia mano
Yeah, I can love me better than	Sí, puedo amarme mejor que

AMAR Y SER AMADO

Yeah, I can love me better than you can	Sí, puedo amarme mejor que tú
... Can love me better	... Amarme mejor
I can love me better, baby (oh)	Puedo amarme mejor, bebé (oh)
Can love me better	Amarme mejor
I can love me better (than you can), baby	Puedo amarme mejor (que tú), nene
Can love me better	Amarme mejor
I can love me better.	Puedo amarme mejor,

Capítulo 1

El amor como adicción.

Era tarde y, en su mundo de soltera, no iba a pasar nada ese viernes en la noche. Angustiada con su soledad, hizo lo que había jurado no hacer nunca más: sacó su teléfono, entró a la aplicación Tinder, y buscó otras personas igualmente solas, todas ellas disfrazadas como hípsters, con una promesa de romance y excitación a la distancia de una pulsación cibernética. Con ese *click*, le dijo sí a una aventura con un desconocido que, además, había puesto una foto ideal de un ser masculino mítico poco parecido a él. Ella mordió el anzuelo y, consciente de su riesgo, llegó al lugar acordado. Tomó unas bebidas, quizá para llenarse de valor, quizá para olvidarse de su soledad y ahogar su sentimiento de auto lástima por haber caído nuevamente en ese burdo rito de apostar a la anonimidad anestésica. Como no lo vio en el lugar, tuvo tiempo de tomar dos o más bebidas (decidió no llevar la cuenta), y así aumentar su sentido de autoconfianza o desinhibición (no sabía cuál de las dos era más fuerte).

Ahora, coqueteaba con varias personas aún más anónimas, cuyo atractivo aumentaba proporcionalmente a la cantidad de alcohol ingerida. Indiferente a que su "match" llegase o no, entabló una conversación con un hombre que definitivamente no era su "tipo", pero que parecía tener intereses similares. Ese individuo, que se le presentaba como alguien con sensibilidad y afinidad de intereses, era realmente la persona con quien ella se había citado: su estilo de conquista consistía en entablar una conversación "aleatoria", para eventualmente consolar a las mujeres que se sentían mal por haber quedado plantadas incluso por una cita de Tinder. Su estilo funcionaba de vez en cuando. La conversación le resultaba fácil por la información que había adquirido de ellas en Tinder. Su fingida sensibilidad, capacidad de escuchar y aparente afinidad con los intereses de las mujeres solitarias, eran un artificio adolescente pero intencionalmente predatorio y, para sorpresa de todos los involucrados, bastante efectivo. Eso lo verificó ella a la mañana siguiente, al salir algo apurada del apartamento del extraño, que tenía otro perfil cuando lo vio a la luz del día y con sobriedad. "Eso fue un gran error", le contó a su amiga por teléfono mientras conseguía un Uber para regresar a casa. "No lo vuelvo a hacer nunca más," dijo -igual que la vez anterior-, y se bajó frente a su vivienda.

La búsqueda del romance y el amor son motivaciones profundas de nuestro ser que impactan nuestra conducta de formas inesperadas, proveyendo motivación, inspiración, devoción, y en algunos casos, obsesión. Bertrand Russel, el famoso filósofo británico del siglo XX, dijo que toda actividad humana está impulsada por el deseo, añadiendo que, si uno quiere predecir la conducta de las personas, necesita saber no sólo, o principalmente, sus circunstancias materiales, sino todo su sistema de deseos con sus fuerzas relativas. Todos queremos amar y ser amados. Es un deseo profundo y poderoso. Todos lo anhelamos y buscamos, de distintas formas, en diferentes etapas de nuestra vida. Es una acción perversa la del hombre anónimo de nuestro caso inicial, con su capacidad para conocer y manipular el deseo de las mujeres a quienes predaba, pero no menos triste que el riesgo asumido por la mujer anónima, dispuesta a pagar el precio de la ignominia por la compañía física pero efímera de la pareja disfrazada.

Estas transacciones, en el mercado social de las emociones y relaciones, son más comunes de lo esperado. Ocurren una y otra vez todos los días con variaciones específicas, pero con el mismo guión general. Y todo, por la búsqueda de amar y ser amado. Claro está, el contexto en que se habla del amor está distorsionado por la glorificación del amor romántico o sexual que promete felicidad, compañía, realización y satisfacción de nuestros deseos y necesidades más profundas. En nuestro mundo, esa búsqueda se hace más inmediata gracias a la tecnología, pero cada época ha contado con un medio distinto de buscar, conseguir y perpetuar, el amor romántico. Dándole ese énfasis, el amor romántico toma una dimensión superior o elevada que merece sacrificios con tal de ser experimentada, puesto que sus recompensas parecen ser tan gratificantes. En cierto sentido, esa gratificación puede hacerse adictiva.

La propuesta de este capítulo sobre el amor como adicción, es doble. Primero, discutiremos qué es lo que ocurre en la psiquis (y por ende en el cerebro), de la persona enamorada, para entender la experiencia neuroanatómica de una sensación subjetiva. Luego, discutiremos la necesidad humana de amar y ser amado desde un punto de vista neuropsicológico, que puede resultar en una búsqueda constante y, en algunos casos, una conducta servil al ideal romántico, manifestada de manera utilitaria. Ese es el modelo relacional que usa a las personas hasta que el sentimiento se va, y debe girar sobre su eje para encontrarlo en nuevas relaciones. Claro está, existe un modelo sano del amor y las relaciones, pero eso lo discutiremos en la segunda parte del libro. Aquí hablaremos sobre el amor como adicción.

El amor en el cerebro

Las tías sabían a ciencia cierta que, cuando una persona joven no podía comer o dormir bien, estaba todo el día soñando despierta, y se emocionaba cada vez que hablaba con la persona de interés, "ese(a) muchacho(a) estaba enamorado(a)." Pero resulta ser que la edad no es barrera para vivir la experiencia universal de estar enamorado o enamorarse. Como sabemos, hay adolescentes perennes buscando enamorarse y hay personas mayores que se enamoran sin esperarlo. A todos ellos les está pasando lo mismo.

Aquí discutiremos el enamoramiento como una manifestación objetiva o empírica del amor romántico, que podemos entender y explicar por una serie de cambios a nivel físico y químico en el cerebro. Es posible explicar el enamoramiento y la experiencia del amor romántico a nivel neuroanatómico, conductual y cognitivo o, si se quiere, a nivel emocional, relacional y personal. Claro está, cuando uno piensa en el amor y el romance, considera otra anatomía, no la neuronal; pero créanme, ¡todo está en el cerebro! Es decir, -sin ánimos de ser reduccionista-, entender lo que pasa en el cerebro durante una experiencia romántica, explica las conductas y abordajes sobre la vida que refuerzan el deseo constante de estar con la pareja, o crean crisis en nuestros conceptos acerca de cómo trabaja el mundo (cosmovisión), dependiendo de lo que ocurre con el objeto de nuestro amor romántico.

El amor como sentimiento intenso, se experimenta desde la infancia con el niño lactante, hasta la senescencia con el anciano dependiente. La ciencia no habla del amor sino del *comportamiento de apego*. Otros lo discuten como una necesidad biológica.[7] Pero la neurociencia, tanto como las ciencias sociales, reconocen la universalidad de este sentimiento. Es más, lo han podido medir con resonancias magnéticas funcionales del cerebro.

En un resumen cuantitativo de la literatura, Ortigue, et al., (2010[8]) sintetizan lo conocido sobre la huella neuroanatómica medida con resonancia

7   Cacioppo, S. (2022). *Wired For Love: A Neuroscientist's Journey Through Romance, Loss and the Essence of Human Connection.* Hachette UK.

8   Ortigue, S., Bianchi-Demicheli, F., Patel, N., Frum, C., & Lewis, J. W. (2010). Neuroimaging of love: fMRI meta-analysis evidence toward new perspectives in sexual medicine. *The journal of sexual medicine*, 7(11), 3541-3552.

magnética funcional (fMRI) de los distintos tipos de amor. Estos investigadores se preguntaron dónde se localiza la emoción asociada con el amor en el cerebro. Para ello, combinaron los resultados de 6 publicaciones similares con un total de 120 sujetos (99 mujeres, 21 hombres). Para evitar tecnicismos, resumo esos hallazgos en el siguiente cuadro sinóptico:

Amor Materno

Regiones corticales del cerebro involucradas:

- Giro fusiforme lateral,
- corteza frontal.
- Corteza temporal

Regiones subcorticales del cerebro activadas:

- Insula, corteza cingulada anterior,
- Núcleo caudado, putamen, núcleo subtalámico,
- Ssustancia negra, tálamo lateral.
- Sustancia gris periacueductal

Transmisores neuroquímicos involucrados:

- Dopamina
- Oxitocina

Emociones/procesos

- Apego materno al infante/hijos
- Mecanismos de recompensa.

Observación:

Las regiones activadas a nivel de la corteza cerebral se usan en la planificación, organización y secuenciación de múltiples actividades simultáneas al igual que procesamiento sensorial en el cuidado del infante/hijos.

Amor Incondicional

Regiones corticales del cerebro involucradas:

- Lóbulo parietal superior o precuneo.
- Giro occipital inferior

Regiones subcorticales del cerebro activadas:

- Area ventro-tegmental;
- Insula, núcleo caudado, globus palidus;
- Sustancia gris periacueductal.
- Corteza cingulada anterior.

Transmisores neuroquímicos involucrados:

- Dopamina

Emociones/procesos

- Empatía
- Recompensa

Observación:

Áreas cerebrales involucradas son similares al amor materno, lo que tiene sentido.

Amor romántico o apasionado

Regiones subcorticales del cerebro:

- **Activación:**
  - Area ventro-tegmental;
  - Núcleo caudado, putamen.
  - Hipocampo
  - Insula, giro cingulado anterior

- **Desactivación:**
  - Giro cingulado posterior
  - Cuerpo amigdalino

Transmisores neuroquímicos involucrados:

- Dopamina
- Oxitocina

Emociones/procesos:

- Euforia,
- Recompensa
- Memoria a largo plazo (amores que no se olvidan)
- Estado anímico, integración somato-sensorial
- Ausencia de miedo y ansiedad.

Observaciones

- Igual reacción de euforia ocurre bajo influencia de drogas. ¿adicción a la otra persona?
- El involucramiento del hipocampo explica la intensidad de los recuerdos.
- La ínsula y la corteza cingulada son las áreas activadas durante excitación sexual.
- La desactivación del cuerpo amigdalino y el giro cingulado resulta en el estado de elación, "felicidad."
- *Nótese* que el cuerpo amigdalino y el giro cingulado posterior se activan cuando existe un sentido de luto por pérdida de la relación, o por el rechazo de la persona amada. Es decir, la corteza cingulada anterior se activa con el amor romántico y la excitación sexual, mientras que la corteza cingulada posterior se activa con la pérdida del amor romántico.
- Hombres y mujeres reaccionan igual.

¿Qué significa todo esto? Primero, es importante entender que el sentimiento del amor es un evento neuroquímico en el cerebro. La dopamina, el neurotransmisor involucrado en la sensación de placer y bienestar, es el químico común en la experiencia de cualquier clase de amor. Si este fuese un escrito técnico, diría: *El amor se manifiesta como una conducta orientada hacia metas que están directamente ligadas a mecanismos de recompensa activados por la dopamina.* Pero este es un manuscrito que tiene que ver con la vida cotidiana, donde el amor materno, o el amor romántico, son experiencias profundas y muchas veces transformadoras. Segundo, entendemos de este artículo que mientras el amor materno, medido en relación con infantes, involucra las regiones internas (subcorticales) del cerebro, también activa la corteza frontal. Es decir, el área del cerebro que tiene que ver con la capacidad de organización, planificación, manejo de impulsos, secuenciación, y pensamiento abstracto y racional. Tercero, a manera de contraste, el amor romántico sólo activa o "enciende" las regiones subcorticales del sistema límbico y desactiva la corteza frontal. No es ninguna coincidencia que las personas apasionadamente enamoradas de alguien digan, "perdí la cabeza por ti." Leamos, por ejemplo, como habla sobre su experiencia de estar enamorado, el gran novelista, dramaturgo y poeta, Mario Benedetti: *"No sabes cómo necesito tu voz; necesito tus miradas, aquellas palabras que siempre me llenaban, necesito tu paz interior; ¡necesito la luz de tus labios! ¡Ya no puedo… seguir así! …Ya… No puedo. Mi mente no quiere pensar, no puede pensar nada más que en ti."* Sea que se describa con ciencia o con poesía, el impacto en el cerebro es el mismo.

Varias regiones de la corteza frontal, que miden las consecuencias de nuestras acciones, y de la corteza meso temporal y del cuerpo amigdalino, se apagan cuando el amor romántico toma las riendas del control neuronal. El amor romántico **activa** la región ventro-tegmental que está asociada con sentimientos de placer, excitación, euforia, atención enfocada, y motivación. Por cierto, esa es la misma región afectada por la cocaína, el chocolate y el dinero. También la región del núcleo caudado, una región asociada con la detección de recompensas y con la representación de metas, es activada en el amor romántico.

Nótese que un lado oscuro de este elixir emocional se da cuando la persona no considera ninguna barrera en la relación y evita información que sea contraria a su interés en la otra persona. Por eso se toman riesgos y se usan frases como "el amor lo conquista todo." Esta incapacidad de medir los riesgos y la realidad, son quizá mejor expuestas en la película *Her (Ella),* donde Teodoro (protagonizado por Joaquín Phoenix) se enamora de la voz de su sistema operativo (protagonizada por Scarlett Johansson), sin importarle un asunto básico: la inmaterialidad de *Ella* (Jonze, 2013), y la nula posibilidad de lograr intimidad física. El punto clave es que una persona puede enamorarse de la idea del ser deseado y experimentar las mismas sensaciones que con una persona real (como en el caso de los chatbots).

Otro lado negativo del amor romántico se da por la obsesión, donde el individuo no acepta los límites impuestos por la otra persona, y decide buscarla, llamarla, controlarla, celarla, sin consentimiento ni derecho. Esto ocurre con más frecuencia de lo deseado y tanto a nivel cibernético, como físico. La persona obsesionada se siente herida y abatida por el rechazo del ser amado, y por eso es demandante, hiriente y peligrosa. No es un secreto que por ese pasillo han transitado los peores crímenes pasionales.

El amor romántico es universal y resulta ser una realidad seria que impacta tanto la conducta, como el bienestar del enamorado.

La neuroquímica del amor

Bésame, una y otra vez,

porque tu amor es más dulce que el vino.

¡Qué fragante es tu perfume!

Tu nombre es como la fragancia que se esparce.

—*Salomón (970—920 a.C.)*

La conexión entre el amor y compuestos químicos, es milenaria y embriagadora. Sin embargo, no solo son los aromas, perfumes o un elixir, los que afectan regiones específicas del cerebro en relación con el objeto de nuestro romance, sino que el cerebro mismo está generando actividad química que correlacionamos con el amor romántico. Ya hemos establecido que el amor es un evento neuroquímico en el cerebro. Cuando entendemos que la ansiedad, el miedo, la tristeza y la ira, también son eventos neuroquímicos en la actividad cerebral, se nos hace claro que el amor, como toda emoción, tiene una huella específica en las transacciones neuroquímicas de la corteza cerebral. ¿A qué nos estamos refiriendo?

La neurociencia nos dice que existen dos hormonas péptidas y dos neurotransmisores, involucrados en el amor romántico.

- **Oxitocina:** juega el papel más importante. Este péptido hormonal, se produce en el hipotálamo y se emite desde la glándula pituitaria hacia el núcleo de accumbens y las regiones límbicas del cerebro. La oxitocina facilita la confianza, los nexos sociales y la monogamia. También está involucrada en la actividad sexual. Los químicos con licencia han inventado un perfume (Aromatics Elixir), que es un agonista de oxitocina, como una poción de amor.

- **Vasopresina:** se emite en las regiones cerebrales relacionadas con la recompensa, pero mayormente como un refuerzo de la oxitocina durante el proceso de apego.

- **Dopamina:** es el neurotransmisor que lleva a la persona del punto reactivo de "gustarle alguien", a "desear a ese alguien". Este neurotransmisor promueve los sentimientos y sensaciones de placer con la presencia, imagen o pensamiento, del ser amado. La oxitocina aumenta la emisión de la dopamina en el amor romántico.

- **Serotonina:** Este neurotransmisor disminuye mucho durante la experiencia del amor romántico, a niveles similares a los encontrados en pacientes con trastorno obsesivo compulsivo. Cuando se usan medicinas que aumentan la serotonina (v.g., Prozac), la pasión se esfuma.

Entonces, el amor romántico es un estado fisiológico que trae cambios químicos al cerebro. El amor en general tiene consecuencias para nuestra salud y bienestar. Pero el enamorarse puede alterar la conducta, el ánimo y la forma de pensar de una persona, al punto de quedar obsesionada con, o adicta al ser amado, y también de tomar decisiones muy riesgosas. El amor romántico ha sido descrito como una de las "drogas más potentes" en la experiencia humana. En efecto, su poder es tan fuerte, que aún la poesía sagrada dice:

Porque fuerte como la muerte es el amor;

inconmovible como el Seol es la pasión.

Sus brasas son brasas de fuego;

es como poderosa llama. –Salomón

La actividad neuroquímica en el sistema límbico del Rey Juan Carlos I de España, por ejemplo, trabajaba arduamente. De las tantas amantes y novias que tuvo y a quienes les profesaba amor duradero, la más pública (por desencadenar su abdicación), fue la alemana Corinna Larsen.

El rey estaba tan enamorado de Corina, quien era 26 años menor que él, que había considerado seriamente divorciarse de la reina Sofía, sin importar las implicaciones de tal decisión. Pero perder la cabeza (o la corona), no solo les ocurre a los hombres. Isabel Allende volvió a enamorarse a su avanzada edad, y dijo una famosa frase: "El amor a los 76 es como a los 18, pero con más urgencia." Muchos enamorados seriales usan la canción de Simón Díaz como un himno personal: "Cuando el amor llega así de esta manera, uno no tiene la culpa." Nosotros conocemos en nuestro entorno a muchas personas más que se enamoran de manera intensa a ciertos intervalos predecibles, porque en su interior existe un vacío que desean llenar con la apariencia de la pareja, o con la figura voluptuosa del ser amado, o con lo que esa persona representa. La memoria neuroquímica del estado anímico durante el enamoramiento contribuye a la necesidad de buscar y conseguir esa experiencia.

Bueno, ¿y qué?

¡Que viva el amor! No importa de quién ni cuántas veces me enamore, con tal de que sea amor; eso es todo lo que vale. El Príncipe Amnón definitivamente pensaba de esa manera. Él estaba enamorado de la preciosa doncella Tamar. Su pasión ardiente por Tamar era tan intensa que no podía pensar, comer, ni dormir. Es decir, el sistema límbico de su cerebro estaba hiper activado, con el nombre, la imagen, la estampa, de Tamar. Su sonrisa de medio lado, sus ojos vivaces, su figura atractiva, su cabello frondoso ondulando con su mirada, todo lo relacionado a Tamar prendía las neuronas límbicas de Amnón. Estaba enfermo de amor (ver 2 Samuel cap. 13). El único problema era que Tamar era su media hermana. Pero en esa cultura antigua, tales matrimonios no eran extraños (2 Samuel 13.13c).

Un día, Amnón siguiendo el consejo de un primo lejano, pretendió estar enfermo, y le pidió a su padre, el Rey David, que enviara a Tamar a cuidarlo en su apartamento real. El quería que Tamar le preparase algo de comer mientras se mejoraba de su malestar, bajo la pretensión de que cualquier mal de Amnón mejoraría con las artes culinarias de Tamar. Por orden del rey, Tamar llevó harina, la amasó, e hizo pasteles y los horneó para su medio hermano. No sabemos si eran empanadas, o pastelitos de carne, arepas, o repostería. Sí sabemos que era algo especial o suculento que Tamar podía hacer bien. Con toda disposición, preparó la comida y al llegar la hora del almuerzo, Amnón mandó a todos los sirvientes fuera de la casa, pidiéndole a Tamar que le diera de comer en su cuarto. Una vez solos, Amnón, deseando poseer por completo a la bella Tamar, la forzó sexualmente. Amnón violó a Tamar, a pesar de las súplicas y ruegos de su media hermana menor, pidiéndole que no lo hiciera; la pasión de Amnón por la inocente Tamar era tan intensa que ninguna barrera le impidió consumar su deseo. Pero esta triste historia no se queda allí, como lo relata el cronista;

Luego la odió Amnón con tal odio, que el odio con que la odió fue mayor que el amor con que la había amado. Y Amnón le dijo: —¡Levántate; vete! Ella respondió: —¡No! Porque este mal de echarme es mayor que el otro que me has hecho. Pero él no la quiso escuchar. Más bien, llamó a su criado que le servía y le dijo: —¡Echa a esta fuera de aquí, y pon el cerrojo a la puerta tras ella! (2 Samuel 13:15–17).

Muchos se sorprenderán de encontrar este relato en la Biblia. Otros se preguntarán: si está en la Biblia, ¿qué nos dice esta historia sobre el amor romántico? No tenemos que ser exégetas ni teólogos para leer lo obvio. El amor romántico es efímero y superficial; puede ser muy egoísta e insensible a las necesidades de la otra persona. Es intenso, mientras se anhela a la otra persona, pero los sentimientos de amor pueden convertirse en desprecio una vez enfrentados con la realidad de quién es el ser deseado. Es muy fácil moralizar y atribuir características nefastas a los antagonistas y/o culpar a los protagonistas, por su ingenuidad y propensión a ser victimizados. "Todos los hombres son igualitos", dirán algunos, mientras otros tomarán una posición cínica diciendo, "Eso les pasa por inocentes". Otros disertarán sobre la naturaleza humana corrompida por el pecado. Siendo posibles varias explicaciones, yo me quiero concentrar en lo que pasa en el cerebro de los Amnones de hoy, tanto como en los del pasado: es posible estar enamorado hasta enfermarse físicamente por el deseo y la pasión, pero una vez conseguida o consumada esa pasión, quedar completamente insatisfecho y empezar la búsqueda de la próxima conquista, el próximo enfoque que brinde el mismo nivel de embeleso y arrebato. Esa es una búsqueda perpetuada por la dopamina, la oxitocina, y el recuerdo del estado anímico. Pero ¿es amor? Son sentimientos, sí. Pero en vez de facilitar relaciones duraderas con un amor profundo, crean un patrón de dependencia de las emociones fuertes pero superficiales. Por eso se asemeja a una adicción peligrosa.

Sin duda, algún lector escéptico descartará esta noción como exagerada o ficticia, mientras que otros románticos empedernidos leerán con curiosidad, cuestionando si lo descrito se aproxima en alguna forma a su experiencia sublime, para darle credibilidad. Sin violar las leyes de la lógica, les sugiero me acompañen a analizar la siguiente propuesta: El amor romántico puede ser adictivo, por ser superficial.

El amor romántico como adicción

¡Qué bonito es el amor! El amor cuando es sincero,

es como una cosquillita, que recorre el cuerpo entero.

Qué bonito es el amor, y el querer cuando te quieren.

En todo ves alegría y lo imposible se puede. — Rubén Blades.

En esta sección usamos el trabajo de Earp y colegas (2017) , como guía. Hasta ahora, hemos dicho que el amor romántico es un estado fisiológico que trae cambios químicos al cerebro. El enamorarse puede alterar la conducta, el ánimo y la forma de pensar de una persona al punto de quedar obsesionada con, o adicta al ser amado, y también puede llevarla a tomar decisiones muy riesgosas. Entendemos también que existen dos puntos de vista sobre el amor como adicción: una perspectiva amplia, según la cual una persona puede ser adicta al amor porque estar enamorado es una forma de adicción a otra persona, y la visión más angosta o estrecha del amor como adicción, que considera un modelo de deficiencia en los procesos cerebrales que solo ocurre en las personas con adicciones. Es decir, una persona sin adicción a las drogas no tiene los mecanismos neuroanatómicos presentes en el cerebro de un adicto y, por lo tanto, factores de recompensa como comida o sexo no pueden ser realmente adictivos. Los datos contundentes de estudios neurocientíficos nos permiten descartar esta posición y adoptar la primera con alto grado de confianza.

Si la atracción refleja el deseo sexual nato de encontrar una pareja, el apego tiene que ver con la seguridad de una relación duradera. Pero en el contexto romántico, el estar enamorado es un proceso de formación de un enlace afectivo entre dos personas, que involucra proximidad y apoyo emocional. Este proceso, sin embargo, es tan fuerte que puede disparar los mismos elementos presentes en una adicción . Primero, el individuo se enfoca exclusivamente en la otra persona; luego, piensa obsesivamente en esa persona: la desea, la anhela y la extraña, aunque la haya visto hace muy poco tiempo. También distorsiona la realidad, y está dispuesto a tomar riesgos enormes para ganarse a esa persona.

Al igual que con una adicción, la persona desarrolla tolerancia (necesita ver y estar más y más con el ser amado), tiene problemas de aislamiento (*withdrawal*) y recaída, por las ansias de tener y estar con la otra persona. En este sentido, el amor es una droga poderosa. Hay gente que vive por amor y hay quienes "mueren por amor".El amor romántico es tal que, si el ser deseado tiene sentimientos recíprocos, pueden experimentar un estado de felicidad. Pero si la persona amada rechaza al enamorado (algo que ocurre 95% de las veces), entonces la intensidad de la pasión aumenta exponencialmente. Sería muy práctico olvidar a la persona que rechaza o que termina la relación, pero lo usual es que suceda exactamente lo contrario. Incluso, neuroimágenes de personas "enfermas de amor", después de ser rechazadas, demuestran que las mismas áreas del cerebro que se activan durante el enamoramiento, permanecen activadas durante el proceso de sufrimiento. Es decir, siguen enamorados en ausencia del ser amado. Pablo Neruda resumió este problema de la mejor forma cuando dijo: *Es tan corto el amor y tan largo el olvido.*

No estamos diciendo que el amor romántico en sí es una adicción y, por lo tanto, debe ser evitado. ¡De ninguna manera! El asunto es que una relación que sólo busca el romance como evidencia de su nexo afectivo, es superficial, y no es el tipo de amor que nutre una relación sana. El enamoramiento y el romance son importantes para el inicio de la relación, pero no son esenciales. Existe amplia evidencia de que los matrimonios donde los padres escogen la pareja de los hijos (v.g., ciertas castas de la India), tienen tanto o más éxito que los matrimonios donde los novios se eligen mutuamente como pareja. Es más, el primer tipo de parejas reporta tanta satisfacción y amor, como el segundo. En nuestra cultura, elegir a nuestra propia pareja es fundamental y representa un rito de pasaje en nuestros estadios de vida. Además, la idea de enamorarse y de conseguir al alma gemela, alimenta la industria multibillonaria del romance a nivel de negocios y medios de entretenimiento. Cualquiera que sea el método de elección utilizado, lo importante en una pareja es la progresión del nexo afectivo, que pasa de atracción, a compromiso y seguridad.

Debe quedar claro que, al definir el amor romántico como adicción, estamos hablando de un modelo de relación amorosa inadaptada y problemática que se caracteriza por un interés generalizado y excesivo en el otro, y que trae como consecuencia, pérdida de control y necesidad de mantener la relación a toda costa, aun cuando hay conciencia de los problemas creados por la misma. Por eso no estamos patologizando toda experiencia de amor romántico.

¿Qué hace la diferencia entre una relación romántica adictiva y una relación sana?

El desenlace después de la etapa de enamoramiento es crítico. La esperanza de estar eternamente enamorado de la pareja es una visión inmadura y superficial del amor. Una experiencia sana y positiva del amor romántico, es que ese nivel de afecto es solo el inicio y debe llevar a la pareja a un segundo estadio en su relación, definida por apego y compromiso. Esto parece un paso lógico y necesario para los lectores. Sin embargo, la gran mayoría de relaciones no siguen ese camino de transición madura, quedándose en un estadio superficial que busca siempre el éxtasis neuroquímico. Nada ayudan las vidas públicas de los famosos, que se despliegan en las redes sociales cual serie "de la vida real", sirviendo de (mal) modelo para las decisiones de muchas personas.

El que busca estar siempre enamorado para mantener la relación, está idealizando al ser amado. Pero, lejos de sentirse halagada, la persona idealizada siente que no puede cumplir las expectativas del otro, mientras que el idealizador usa de manera romántica al ser idealizado para remendar sus inseguridades de autoestima y satisfacer sus necesidades de afirmación. Ese individuo ama el enamoramiento, pero no puede tener una relación íntima profunda de apego y vulnerabilidad absoluta con el ser amado, debido a su egoísmo inmaduro, disfrazado de pasión. Es decir, el idealizador está enamorado de una imagen no real de la persona amada y no puede aceptar a su pareja por quien realmente él /ella es, con todas sus necesidades y defectos. De manera funcional, está usando al ser amado para satisfacer sus necesidades. Por lo tanto, mantendrá una relación superficial y, no pudiendo aceptarse a sí mismo, rechazará a la "verdadera" persona detrás de la pareja idealizada. Es decir, cuando esa persona dice "Te amo", lo que realmente está diciendo es que se está amando a sí mismo a través del ser idealizado, usándolo para satisfacer sus necesidades. Como dice Timothy Keller, "Te amo, significa tú me haces sentir bien de tantas formas… porque satisfaces mis necesidades."[9] Un individuo con esas expectativas saldrá de la relación romántica en el minuto en el que sus necesidades dejen de ser satisfechas, para pasar inmediatamente a la búsqueda de otra persona ideal. Aunque también es posible que se quede en la relación, insatisfecho, fantaseando sobre "el verdadero amor de su vida."

Esto no elimina la posibilidad de que una pareja esté enamorada a largo plazo y que disfruten intensamente de la mutua compañía durante su vida matrimonial; de ninguna manera. Pero la realidad nos dice que quienes disfrutan de una relación duradera que alimenta el romance, han aprendido a negociar los sinsabores de la vida y a aceptar las mañas, defectos y peculiaridades de cada uno con madurez, en una expresión práctica de amor. Igualmente, esas parejas han

9   Keller, T. (Host). (2023, February 13). Sent to Love (No. 859). [Audio podcast episode] *Gospel in life*.

aprendido a poner atención y satisfacer las necesidades mutuas, nutriendo su contacto con cariño, detalles, actividades de disfrute compartido y una vida sexual sana.

¿Puede mantenerse la pasión en una relación matrimonial monógama?

En cuanto a la pasión, el modelo común es que la pareja considera al otro como el amor de su vida, porque las chispas y los fuegos artificiales ebullen naturalmente en su relación. ¿Qué pasa cuando se apagan y no se pueden prender? La persona que depende de esas cumbres emocionales, no podrá aguantar los valles que invariablemente surgen en las relaciones, si mide la calidad de su relación por la intensidad de las emociones que experimenta. Esa persona mide la pasión de esta manera:

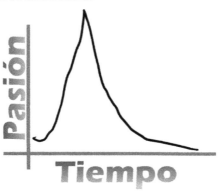

Cuando pasa el tiempo, la pasión inicial se disipa, y debido a que necesita esa fuente de energía emocional, vivirá infeliz, o buscará otras relaciones. Como muchos usuarios de Tinder, pasará por relaciones seriales como un *connoisseur* pasa por un menú de vinos. Estas son las relaciones inspiradoras de las canciones de despecho, o de las bachatas populares y, definitivamente, de casi todas las telenovelas.

Otro modelo acerca de la pasión, involucra hacer un esfuerzo gigante por mantenerla viva contra viento y marea (o sea, en medio de las realidades de la vida), aceptando que existe una ley de retornos decrecientes y que, eventualmente, la pasión se disipa con el pasar de los años. Si pudiéramos dibujarla, sería algo así:

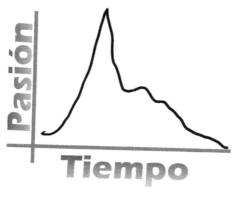

Un modelo pragmático y muy factible para expresar la pasión en el axis del tiempo, es aceptar que la pasión ocurre en ciclos y, por lo tanto, recurre con el pasar de los años. Hay cierto control sobre el interés en fomentarla, pero cambia siempre y se enfoca en otras cosas. Es decir, no solo es sexual o física, sino que también puede enfatizar la amistad, el compañerismo, la seguridad, el apoyo, etc. El romance es natural, pero no está ligado a una experiencia emocional típica. Ese tipo de pasión, tendría esta representación:

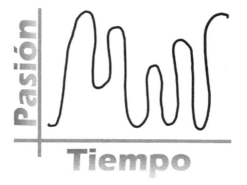

Queremos resaltar que la Escritura celebra y anima la pasión y la expresión del amor romántico y sexual, en el contexto de una relación estable y duradera dentro del matrimonio. Dios celebra el matrimonio y el amor sexual como parte de Su plan para la humanidad. Fue Él quien instituyó el matrimonio como una relación especial, y ordenó a Adán y Eva que se multiplicaran. Esa orden no impone ningún límite a la experiencia de placer en la relación. Por eso, cuando leemos la celebración de la intimidad de una pareja en la Biblia, encontramos lo siguiente:

[9] Has cautivado mi corazón,

tesoro mío, esposa mía.

Lo tienes como rehén con una sola mirada de tus ojos,

con una sola joya de tu collar.

[10] Tu amor me deleita,

tesoro mío, esposa mía.

Tu amor es mejor que el vino,

tu perfume, más fragante que las especias.

[11] Tus labios son dulces como el néctar, esposa mía.

Debajo de tu lengua hay leche y miel.

Tus vestidos están perfumados

como los cedros del Líbano.

[12] Tú eres mi jardín privado, tesoro mío, esposa mía,

un manantial apartado, una fuente escondida.

(Cantares de Salomón, 4:9-12)

El sexo y el amor romántico

En un estudio efectuado recientemente, de 2000 adultos entrevistados, el 49% reportó tener sexo durante la primera cita. Los hombres reportaron sexo en la primera cita con más frecuencia (59%), que las mujeres (43%). Las razones de esta conducta incluían: sentirse bien (53%); saber si tenían compatibilidad sexual y así acortar el tiempo involucrado en el romance (46%); conectar más rápido (26%); saber si son aceptados sexualmente por la pareja (20%).

(ver https://www.yahoo.com/lifestyle/sex-on-first-date-survey-162856440.html)

Los promotores de Tinder saben eso y por tanto, facilitan las conexiones aleatorias con el fin de que las personas sigan usando la aplicación para encontrar a la pareja ideal. En algún momento, por supuesto, los encuentros aleatorios que conllevan a conductas sexuales riesgosas se convierten en la razón principal del uso de la aplicación, bajo el rubro de *romance*[10]. Esta es otra experiencia que puede llevar a la adicción, porque es un elemento de recompensa muy importante, que crea la

10   Ver el estudio sobre el uso de Tinder en adultos jóvenes. Shapiro, G. K., Tatar, O., Sutton, A., Fisher, W., Naz, A., Perez, S., & Rosberger, Z. (2017). Correlates of Tinder use and risky sexual behaviors in young adults. *Cyberpsychology, Behavior, and Social Networking*, *20*(12), 727-734.

necesidad de mayor actividad para alcanzar satisfacción. Es decir, crea lo que Brickman y Campbell (1971) acuñaron como "el tapiz rodante hedónico". Mientras más sexualmente activa está la persona, más actividad sexual busca, con poca saciedad. Esas personas hablan de su vida romántica como algo complicado, debido a la inestabilidad de sus relaciones. Parte del problema es que no desean perder el tiempo en las nimiedades de una relación romántica, en lugar de estar teniendo sexo (como lo resalta el sondeo y los estudios).

Volviendo a las redes sociales, el documental de Netflix *The Tinder Swindler*,[11] presenta la historia verídica de varias mujeres que conocieron al mismo hombre por medio de la plataforma de citas, y que fueron defraudadas por el galán en cuestión, por cientos de miles de dólares. Ese Romeo encantador que las impresionaba con dinero y posesiones, para luego pedirle a cada mujer que le prestara cuantiosas sumas de dinero, era muy elusivo, pero convincente. La mujer que sacó préstamos por $250,000 para transferírselos de inmediato, lloraba inconsolable por la maldad y alevosía del amante cómodo. Ella había caído en quiebra y le costará años salir de ese hoyo. Sin embargo, al final del documental, ella revela con risas y confianza, que continúa utilizando la plataforma Tinder en búsqueda de amor, con la certeza y esperanza de que el romance verdadero y permanente está a la vuelta de la esquina. Ella adora en el altar del romance, como tantas otras personas adictas al "amor romántico" y al sexo.

Pero el amor romántico es importante y necesario en nuestras vidas, porque refleja los conceptos de verdad (expresión desinhibida de nuestros sentimientos), bondad (expresión del bien, basada en amor por la otra persona), y belleza (experiencia de placer y agrado en la otra persona[12]). La unión física de una pareja enamorada es una parte vital de la consumación del amor. Sin embargo, dentro de la fe cristiana, esa unión es relegada al matrimonio. Es decir, la atracción da paso al romance y éste, a una relación monógama exclusiva de compromiso; el compromiso da paso a una vida juntos, de total intimidad. La vida sexual en la pareja no es sólo de placer, sino también de procreación. Sin embargo, no nos suscribimos a la posición cultural, ejemplificada genialmente por Laura Esquivel a

---

12   Al decir esto, estamos haciendo referencia a la definición de la belleza ofrecida por Tomás de Aquino y citada por Adler (1981): *"La belleza es aquello que nos agrada cuando lo vemos."* Ver la discusión detallada de Adler sobre las Seis Grandes Ideas (verdad, bondad, belleza, libertad, igualdad y justicia), en Adler, M. (1981). *Six Great Ideas.* Collier.

través del personaje Pedro Muzquiz, en su novela *Como agua para chocolate.* En una crítica a la sexualidad y la religión, ella describe a Pedro rezando en su lecho de bodas una oración piadosa, mientras Tita espera: *"Señor, no es por vicio ni por fornicio, sino por dar un hijo a tu servicio."* Esa es una forma de pensar sobre la intimidad matrimonial. Pero dentro del matrimonio, la pasión romántica puede expresarse ampliamente, porque no está basada en la ventaja que puedo sacar de esa unión, sino en cuidar y amar a la persona con quien puedo ser completamente yo mismo, sin ninguna pretensión. En esa relación de compromiso y amor, puedo amar y ser amado.

Capítulo 2

El amor como destrucción

En nuestro capítulo sobre el amor como adicción, discutimos acerca del enamoramiento como un proceso neuronal que impacta la conducta y el estado anímico. En este capítulo, exploraremos cómo un amor que comienza con un sentimiento tan noble y de manera tan tierna, puede convertirse en una experiencia devastadora, en un foco de sufrimiento y desubicación mental, emocional, y personal. En una fuerza destructiva.

"¿No podían escoger algo más agradable de qué hablar, cuando hablan del amor?, comentarán algunos. Y no les falta algo de razón: el lado oscuro del amor es decepcionante, riesgoso, da miedo. Sin embargo, el motivo de este enfoque es reflejar un abordaje clínico, si se quiere, mediante el cual buscamos entender lo opuesto a la enfermedad, describiendo los procesos patológicos que llevan a la misma. Me explico: lo opuesto de los celos, es la confianza; lo opuesto de la codependencia, es permitir que la persona florezca por su cuenta; lo opuesto del control, es satisfacer las necesidades de la otra persona, etc. Habiendo tantas dinámicas destructivas en el amor, nuestra discusión solo abarcará tres: amores falsos, codependencia, y control. Ya que estas son experiencias universales, encontraremos estas dinámicas en varios ejemplos, tanto en la literatura, como en la experiencia de la vida real.

Nótese que abordaremos estos detalles responsablemente, pero no a profundidad. La bibliografía citada representa un recurso para el lector que desee indagar más.

El amor destructivo como conflictos internos—amores falsos

La noción básica de una relación amorosa incluye la reciprocidad de los sentimientos, la similitud de valores e intereses, y la alineación, tanto como la complementariedad de metas sobre una vida juntos, entre otras. Polos opuestos se pueden atraer, sí, pero para tener una vida sana en pareja las similitudes deben ser mayores que las diferencias. Un punto básico, pero comúnmente se da el caso de personas que fingen similitud y lealtad al interés romántico, porque eso les permite lograr sus metas temporales, cuando en realidad tienen una agenda alterna muchas veces nociva para el amante sincero. ¿De qué estamos hablando?

Un ejemplo de la vida real nos puede ayudar. Durante la guerra fría entre las potencias nucleares, Úrsula Beurton era un ama de casa devota a sus tres hijos y esposo; vivía en un pequeño pueblo británico, Oxfordshire, horneaba galletas para sus vecinos, asistía a la iglesia y participaba en la escuela de sus hijos. Ella y su familia eran el epítome de una familia inglesa en un mundo idílico. Pero la Sra. Úrsula Beurton era, realmente, la coronela **Úrsula Kuczynski,** del ejército rojo —la famosa Agente Sonya[13]—, biografiada magistralmente por Ben MacIntyre. Su relación con sus tres esposos se basaba en el acceso a la información que ellos le proveían a su lealtad principal —la Unión Soviética—, mientras aparentaba devoción familiar. Este parece ser un caso extremo, pero sucedió en la vida real, y nos muestra que es muy posible estar involucrados en una relación de conveniencia que semeja los elementos del amor verdadero (devoción, responsabilidad, pasión, procreación,

---

13   MacIntyre, B. (2021). *Agente Sonya.* Editorial Crítica.

monogamia, compañerismo), pero es, en realidad, un espejismo de la verdadera lealtad del amante incierto. Un individuo así tiene una motivación alterna, una lealtad férrea que modula la expresión de sus afectos, permitiéndole lograr sus verdaderas metas, todas ellas indiferentes, e incluso ajenas, al bienestar del enamorado ingenuo. No tenemos que explicarlo en detalle, ya que este estilo relacional ha convertido a muchos en víctimas de una relación donde la otra persona tiene lealtades alternas o paralelas.

La literatura sacra también presenta ejemplos de este estilo relacional, que es milenario. Un ejemplo claro, es el caso de Sansón. Leamos:

⁴Aconteció después de esto que Sansón se enamoró de una mujer del valle de Sorec, cuyo nombre era Dalila.

⁵Y fueron a ella los jefes de los filisteos y le dijeron:

—Persuádelo y averigua en qué consiste su gran fuerza, y con qué lo podríamos dominar para atarlo y atormentarlo. Entonces cada uno de nosotros te dará doce kilos de plata.

⁶Y Dalila dijo a Sansón:

—Dime, por favor, en qué consiste tu gran fuerza, y con qué podrías ser atado para ser atormentado.

7 *Sansón le respondió:*

—*Si me atan con siete cuerdas de arco frescas que aún no estén secas, entonces me debilitaré y seré como un hombre cualquiera.*

8 *Los jefes de los filisteos le llevaron siete cuerdas de arco frescas que aún no estaban secas, y ella lo ató con ellas.* **9** *Ella tenía personas acechando en un cuarto. Entonces ella le dijo:*

—*¡Sansón, los filisteos sobre ti!*

Pero él rompió las cuerdas como un cordel de estopa se rompe cuando toca el fuego. Y no se supo en qué consistía su fuerza.

10*Entonces Dalila dijo a Sansón:*

—*He aquí que te has burlado de mí y me has dicho mentiras. Ahora dime, por favor, con qué podrías ser atado.*

11*Él le dijo:*

—*Si me atan fuertemente con sogas nuevas que no hayan sido usadas, entonces me debilitaré y seré como un hombre cualquiera.*

12*Luego Dalila tomó sogas nuevas y lo ató con ellas. Y le dijo:*

—*¡Sansón, los filisteos sobre ti!*

Y había personas acechando en el cuarto. Pero él rompió las sogas de sus brazos como un hilo.

¹³*Entonces Dalila dijo a Sansón:*

—*Hasta ahora te has burlado de mí y me has dicho mentiras. Dime, pues, con qué podrías ser atado.*

Él entonces le dijo:

—*Si tejes los siete mechones de mi cabellera entre la urdimbre, [y los aseguras con la clavija del telar contra la pared, me debilitaré y seré como un hombre cualquiera.*

Dalila lo hizo dormir y tejió los siete mechones de su cabellera entre la urdimbre].

¹⁴*Luego ella aseguró la clavija y le dijo:*

—*¡Sansón, los filisteos sobre ti!*

Pero al despertar de su sueño, él arrancó la clavija del telar con la tela.

¹⁵*Y ella le dijo:* —*¿Cómo, pues, dices: "Yo te amo", siendo que tu corazón no está conmigo? Ya son tres veces las que te has burlado de mí, y no me has revelado en qué consiste tu gran fuerza.*

¹⁶*Y aconteció que como ella lo presionaba todos los días con sus palabras y lo importunaba, el alma de él fue reducida a mortal angustia.*

¹⁷*Entonces le descubrió todo su corazón y le dijo:*

—*Nunca pasó una navaja sobre mi cabeza, porque soy nazareo de Dios desde el vientre de mi madre. Si soy rapado, entonces mi fuerza se apartará de mí, me debilitaré y seré como un hombre cualquiera.*

[18]*Viendo Dalila que él le había descubierto todo su corazón, envió a llamar a los jefes de los filisteos, diciendo: "Vengan esta vez, porque él me ha descubierto todo su corazón". Entonces los jefes de los filisteos fueron a ella, llevando el dinero en la mano.*

[19]*Ella hizo que él se durmiese sobre sus rodillas. Llamó a un hombre, quien le rapó los siete mechones de su cabeza. Entonces ella comenzó a atormentarlo, pues su fuerza se había apartado de él.*

[20]*Y ella le dijo:*

—*¡Sansón, los filisteos sobre ti!*

Él se despertó de su sueño y pensó: "Saldré como las otras veces y me escaparé". Pero no sabía que el SEÑOR ya se había apartado de él.

[21]*Entonces los filisteos le echaron mano, le sacaron los ojos y lo llevaron a Gaza. Y lo ataron con cadenas de bronce, para que moliera en la cárcel.*

[22]*Sin embargo, después que fue rapado, el cabello de su cabeza comenzó a crecer. (Jueces 16.4—22, RVA).*

La belleza de la literatura hebrea reside en la comunicación de principios e importantes lecciones de vida a través de la narrativa. Sin duda, los lectores habrán visto muchas cosas de relevancia personal en la historia de Sansón. Aquí deseo resaltar solo cinco puntos sobresalientes que hablan sobre las lealtades divididas y su función en las relaciones destructivas. Usamos el ejemplo de Sansón, que habla de un hombre como la víctima de sí mismo y de las maquinaciones de una mujer con lealtades simuladas, pero de ninguna manera lo asociamos solo con el tema de *la femme fatale*. Lo contrario es, quizá, mucho más común: *l'homme fatale*. De manera que nuestra discusión se aplica a ambos sexos.

El primer punto a resaltar gira sobre el tema de la identidad de los personajes. Sansón no tiene nada de especial como nombre, pero su persona (un hombre fuerte con pelo largo), es el estereotipo del héroe en nuestras películas de ficción, aun cuando en aquel momento, esos elementos representaban un compromiso religioso. Sansón era el producto de un voto. Se conocía como Nazareno, y la característica principal de los nazarenos era su pelo largo, nunca rasurado, como señal de su consagración a Dios. En efecto, leemos que su fuerza estaba ligada a la manifestación de esta característica de su compromiso religioso. Dalila, por su parte, tiene mucho de su identidad ligada a su nombre: *"Dalila" (delîlâ) suena muy parecido a hallaylâ, la palabra hebrea para "noche"... Con Dalila, las tinieblas comienzan a cerrarse de nuevo en torno a Sansón, y otra trampa que le tenderán los filisteos."*[14] El nombre Dalila tiene varios posibles significados, entre ellos, Devota de Ishtar, Pelo suelto, y Coqueta; "Una de la noche" también es una interpretación popular.[15] Sansón tenía apetitos basales y marcados. Leemos, por ejemplo, que frecuentaba prostitutas (Jueces 16.1—3), y que tenía propensión hacia los extremos. Pero al principio de esta historia, vemos: *Aconteció después de esto que Sansón se enamoró de una mujer del valle de Sorec, cuyo nombre era Dalila.* El héroe libertador de Israel resulta tan humano que se enamora.

El motivo del amor en la vida de los libertadores siempre parece complicado, y el caso de Sansón no es distinto. Sansón se enamora, lo que lo hace vulnerable a sus enemigos, los filisteos. Pero se enamora de Dalila, una mujer que no depende de ningún hombre (padre, hermano, familiar, esposo), y que puede negociar

14   Webb, B. G. (2012). *The Book of Judges* (R. K. Harrison & R. L. Hubbard Jr., Eds.; p. 398). William B. Eerdmans Publishing Company.

15   Butler, T. C. (2009). *Judges* (Vol. 8, p. 349). Thomas Nelson.

directamente con los líderes filisteos. Ese punto es insólito en ese tiempo y en esa cultura.[16] Dalila, como personaje, tiene su propia identidad, lo que la distingue de las otras mujeres en la vida de Sansón hasta este punto en la historia. Que ella intercambie la información sobre las vulnerabilidades de su amante para mantener su bienestar económico, tiene varias interpretaciones; la resaltada aquí, es que ella aparentaba afecto, pero tenía una lealtad clara consigo misma y los filisteos, para perjuicio de Sansón.

Segundo, la narrativa de Sansón y Dalila gira en torno a ataduras, una metáfora de los enredos conflictivos en las relaciones destructivas. En la insensibilidad de las preguntas y los comentarios del amante incierto, se encuentra la verdadera agenda de las relaciones destructivas. No es ninguna coincidencia que Dalila le pregunte a Sansón: "Dime, por favor, en qué consiste tu gran fuerza, y con qué podrías ser atado para ser *atormentado*." Una forma de leer esa pregunta en una relación moderna sería, *déjame saber qué aspecto de tu identidad es vital para tu salud integral con el fin de que te lo pueda arrebatar y así quitarte tu autoconfianza, la esencia de tu persona, para que vivas infeliz.* Sansón le da

16   Ackerman, S. (1998). *Warrior, dancer, seductress, queen: women in Judges and biblical Israel* (pp. 231–232). Yale University Press.

varias respuestas y no capta la malicia en las intenciones de Dalila. Una pregunta importante es ¿por qué no deja Sansón a Dalila después de tantos intentos de malograrlo? En relaciones destructivas, las personas "ven las ataduras" y perciben el peligro, pero no quieren salir de la relación. Puede ser el alcohol, el sexo, la pasión, el juego del atrevimiento (para saber si Sansón era tan fuerte en su sentido de sí mismo como lo era en sus atributos físicos), pueden ser dinámicas codependientes, pero el amante ingenuo excusa las acciones del amante incierto y se queda "atado" en la relación. Sansón acepta el juego sin conectar los comentarios de su pareja con el riesgo para su vida. Este tema de sacarle información para hacerle daño, no es nuevo en la vida de Sansón. Ya su primera esposa (la mujer Timnita), intentó lo mismo en su noche de bodas (ver Jueces 14.1-20). Cuando Dalila le pregunta cómo puede ser atormentado, Sansón lo sigue viendo como un juego, e inventa varias respuestas porque confiaba en sus propias fuerzas. Esto también es común en las relaciones destructivas: estar tan confiado en uno mismo que se ignoran todas las alarmas de peligro desencadenadas por la otra persona.

Dalila por su parte, no lo ve como un juego. En efecto, parece estar fastidiada porque el asunto esté tomando tanto tiempo. Detrás de todo el fingimiento, Dalila parece estar aburrida de

Sansón. Ella se pone brava y le hace una pregunta de lo más común en las relaciones destructivas: *¿Cómo, pues, dices: "Yo te amo" siendo que tu corazón no está conmigo? Ya son tres veces las que te has burlado de mí, y no me has revelado en qué consiste tu gran fuerza.* El amante incierto siempre cuestiona la lealtad del amante ingenuo, usando el afecto físico o emocional para manipularlo y obtener lo que quiere. Ojos modernos leerán esta historia cuestionando si acaso Sansón tenía problemas siendo completamente auténtico y abierto en su intimidad con Dalila. ¿Habrá tenido alguna traba en su capacidad de intimidad? Esas preguntas plagan a las personas en una relación con un amante incierto. Pero cuando el río suena, piedras trae: Dalila le está preguntado a Sansón, *dime cómo se te puede hacer un daño del que no te puedas recuperar.* Aquellos que han tenido el infortunio de pasar por una experiencia igual, quizá ven que Sansón no quería aceptar que todo el afecto físico y la intención pasional de sus encuentros con Dalila, eran en realidad una trampa de ella para traerlo a la ruina. ¡No! No puedo ser tan paranoico, yo la amo y ella me ama. Son solo nuestras diferencias culturales, se dirán los Sansones de nuestro tiempo en su diálogo interno. Pero Dalila veía la relación con Sansón desde un lente de seguridad personal; su lealtad principal era con ella misma y su cuenta bancaria.

Los amores falsos tienen agendas alternas muy claras y ninguna incluye el bienestar del amante ingenuo. ¿Cómo no pudo ver Sansón la falsedad y maldad de Dalila? Los amores destructivos ciegan a las personas. En esta historia, Sansón estaba ciego antes de perder sus ojos.

Tercero, muchas de estas relaciones apasionadas basadas en una vida sexual muy activa, pero con lealtades secretas, son también intensamente conflictivas. *Y aconteció que como ella lo presionaba todos los días con sus palabras y lo importunaba, el alma de él fue reducida a mortal angustia.* Si el amante ingenuo quiere salir del conflicto para preservar la relación y sus beneficios, tendrá que acceder a las demandas del amante incierto. No existe alternativa mediante la cual el enamorado ingenuo pueda preservar su paz, sin que el incierto le saque ventaja. Pero cuando el Sansón rinda su secreto a la Dalila de la relación destructiva, el desenlace no será la paz que permita regresar a la pareja a su estado de placer físico y comunión emocional, sino que resultará en la peor pesadilla de la vida—la ruina total—siendo, además, el objeto de burla. Esto sucede de distintas formas y con mucha frecuencia con Sansones y Sansonas quienes, siendo fuertes, se encuentran con el poder destructivo de un amante incierto.

Cuarto, una relación destructiva nos mantiene desconectados de la realidad, como si estuviésemos en un estado de estupor, alienados del ser amado, de nuestra comunidad y de nosotros mismos. *Ella hizo que él se durmiese sobre sus rodillas.* Esta frase, en la historia, es un eufemismo que nos habla sobre cómo el contacto físico con su amante incierta tenía a Sansón dormido, cuando la realidad de su entorno demandaba acciones certeras. Es interesante el hecho de que todas las veces que Dalila "ata" a Sansón, tiene que despertarlo de su estupor para decirle que lo van a atacar. ¿Cómo amarró Dalila a Sansón sin que éste se resistiera? Puede que sea el alcohol, u otra sustancia, o el cansancio físico natural. Puede ser que ella lo arrullara con su estilo para hacerlo dormir, o que estuviera simulando afecto físico cuando en verdad lo estaba atando. Este último punto también es una metáfora de las relaciones destructivas: el amante ingenuo busca satisfacer sus necesidades en el regazo del amante incierto, pero el afecto recibido tiene un precio muy grande. Presiente daño y problemas, pero para sobrevivir a su situación, tiene que "dormir." Despertar en la realidad es muy doloroso y desconcertante. Muchos, simplemente, no lo pueden creer.

Por último, los amores destructivos basados en la lealtad alterna de un amante incierto nos dejan en la oscuridad. *Entonces los filisteos le echaron mano, le sacaron los ojos y lo llevaron a Gaza.* Una vez en la realidad indeseada pero sospechada, el amante ingenuo queda arruinado por estar completamente vulnerable a aquello de lo que se había protegido toda su vida. Puede ser una ruina emocional, relacional, económica o, como es muy común en casos de despecho, una ruina física. Allí empiezan las recriminaciones personales, que a veces son mucho más fuertes que las de nuestros familiares o amistades cercanas. Y la letanía de preguntas no da tregua. Que por qué, pero , cómo, y, yo me di cuenta, pero nunca pensé, y por ahí se van. Es fácil perder la dirección en un mundo donde el desengaño estrangula toda la luz del día. La misma noción de la realidad es sacudida en esas situaciones. Las preguntas siguen; que cómo pudo haber sido tan cruel/despiadado/falso, etc., etc. Al igual que la fuerza de Sansón se perdió cuando su cabello fué rasurado, el amante destruido pierde su autoconfianza, su sentido de dirección y propósito, su sentido de valor personal. Y ahora se cuestiona si es que toda su vida lo han tratado como basura, porque siente que no vale nada. Parte de su oscuridad es la distorsión de la realidad sobre sí mismo, la incapacidad de encontrar anclas de ubicación luego de que su noción de realidad fue sacudida. Pero, ¿en qué puede creer ahora la persona que ha pasado por una relación donde el propósito del amante incierto ha sido expresamente hacerle daño? Y siguen las preguntas: ¿Después de entregarle todo, me paga de esta manera? La noche oscura de la depresión, o el trauma, puede ser muy larga.

Quienes han pasado por esta experiencia, o conocen a una víctima de amantes inciertos, harán docenas de preguntas más sobre los detalles de las relaciones destructivas. Es una realidad universal que ha impactado a más personas de las que creemos o nos gustaría aceptar, y a la que ahora muchos son más vulnerables, cuando existe la posibilidad de buscar amor a través de las redes sociales, sobre todo, en la era de Tinder.[17] Pero no podemos ser ilusos pensando que conocer a una persona en una reunión familiar, o una boda, o aún, en una iglesia, nos puede eximir de esta experiencia. Las relaciones destructivas son una realidad.

Hay otros amores falsos, que son muy comunes, y afectan de igual manera a sus víctimas. A modo de resumen, podemos identificar cuatro tipos de relaciones destructivas adicionales dentro de este renglón de amores falsos:

---

17 Ver el artículo formal que hace un recuento objetivo sobre los riesgos de la plataforma Tinder. Filice, E., Abeywickrama, K. D., Parry, D. C., & Johnson, C. W. (2022). Sexual violence and abuse in online dating: A scoping review. *Aggression and violent behavior*, 101781. https://doi.org/10.1016/j.avb.2022.101781

- *Infidelidad.* Los triángulos amorosos han existido desde siempre. La amante ingenua queda devastada cuando descubre que la persona con quien ha vivido todo este tiempo tiene una vida secreta, una relación escondida, una vida pasional con un amante ignoto. En algunos casos, el amante incierto hace todo lo posible por esconder su aventura amorosa, hasta que revienta la noticia como un escándalo. Puede que la relación sobreviva, o no, pero no dependerá del perdón del amante ingenuo, sino de la capacidad del amante incierto de confrontar su falsedad. Hemos visto por igual que, en casos de infidelidad, hay parejas a quienes no les interesa esconder su aventura, ni disimular, con el fin de amedrentar al engañado. No les importa botar la casa por la ventana, ni perderlo todo. Conocemos esta dinámica muy bien en el contexto iberoamericano. Está alimentada por el machismo y el marianismo. Estos valores disfuncionales se han transmitido por generaciones, causando miseria y desolación en el seno familiar. También, el uso de las redes sociales y la distorsión de los valores, que llevan a que la mayoría de las personas crean y hagan creer que ser infiel es algo completamente natural, justificando este comportamiento con que son necesidades naturales del cuerpo y que no pasa nada si se hace, contribuyen a la infidelidad.

- *Inmadurez*. Aquí nos referimos a la persona incapaz de crecer emocionalmente para considerar las necesidades del otro. "Yo, mi, mis" son el centro de la relación. Esta es la persona narcisista, alguien que se admira excesivamente a sí mismo y, por lo tanto, está volcado en sus necesidades y deseos a costa de los demás. El amante incierto ama a una sola persona—a sí mismo—, y es incapaz de cuidar genuinamente de las necesidades del otro de manera desinteresada. Con frecuencia cree que los problemas en la relación se deben a que escogió a alguien muy por debajo de sus habilidades y estatus. Él le hizo un favor a su pareja al escogerla, pero ella no es realmente de su nivel. Sus fantasías no se basan en su pareja, sino en cómo luce él con ella de su brazo; o qué piensan sus amigos sobre tan grande conquista, etc. Pero en su relación con la pareja, el narcisista tiene un estilo transaccional. Se mantiene en la relación porque esta cubre sus necesidades emocionales, económicas o físicas. Una vez que el amante ingenuo ya no puede, o deja de satisfacer las necesidades del amante incierto por cualquier razón, éste se va. La persona narcisista siempre piensa que *merece* a alguien mejor que la pareja que tiene. En cierta forma, el hecho de que no se haya ido todavía, refleja su *sacrificio* a favor de la relación. Muchas veces, el narcisista se queda en una relación insatisfactoria porque sus necesidades de prestigio o reputación solo pueden ser mantenidas con la apariencia de la relación (como en el caso de líderes políticos o religiosos), pero satisface sus necesidades emocionales o físicas con otras parejas. Ha descubierto que siempre existen personas capaces de acceder a sus demandas y necesidades si se las presenta diciendo lo que ellas quieren escuchar. El amante incierto solo usa a las personas, no las ama, porque paradójicamente, no se puede amar a sí mismo tal como es, sino que ama una versión que ha fabricado de sí mismo: la versión según la cual es el centro de atención, la persona irresistible, la más inteligente o chistosa, la más simpática y agradable, la que se merece todo el afecto. Un amante narcisista tiene una inseguridad patológica y tratará de cubrirla de muchas maneras. Típicamente, el amante narcisista no puede tener intimidad con otra persona porque hay espacio para un solo individuo en ese corazón. Estas personas pueden ser destructivas en todos sus vínculos, por no poder hacer más que sacarles ventaja a otros. Estos son adolescentes perennes que nunca logran relaciones estables, porque el narcisismo y el matrimonio son incompatibles.

- *Idolatría.* En el texto bíblico tenemos la historia de Jacob, que se enamora de Raquel. Tan enamorado estaba de la bella Raquel, que cuando su futuro suegro le dijo que debía trabajar 7 años para pagar la dote por su amada, "le parecieron días, porque la amaba tanto." La idolatría hacia la otra persona está dada por factores como la codependencia (lo veremos más adelante), o por formas de baja autoestima que elevan el valor del ser amado a niveles irracionales. En este caso, el amante incierto es quien idolatra, mientras el ingenuo es el idolatrado. ¿A qué nos referimos? Estos son los temas de las telenovelas y novelas de romances. La persona está enamorada de una imagen, de un ícono de la persona idolatrada. Para el amante incierto, la otra persona resulta ser siempre noble, bella, pura, especial, inteligente, un sueño. Pero el amante ingenuo jamás puede realmente cumplir las expectativas irreales y fantasiosas del amante incierto, porque no se basan en una versión cabal de la persona. No hay una relación con el otro individuo, sino solo una interacción superficial con la imagen ideal de esa persona. Esto lleva al amante ingenuo a rechazar al amante incierto porque percibe que esa atracción, ese "amor", no es ni podrá ser, real. Mientras tanto, el amante incierto busca, indaga, llama, hostiga, quiere conectar con el amante ingenuo. Sus sentimientos son mejor explicados por el poema de José Parra: *Te quiero como a mis ojos, como a mis ojos te quiero, yo quiero tanto a mis ojos, porque mis ojos te vieron.* La imagen de la persona es lo que mantiene la infatuación, no la realidad de quién es el otro. Cuando Guillermo se enamoró de Sara, se veían todas las semanas. Ella lo ayudaba con sus problemas de trabajo y él, eternamente agradecido, tomó el paso lógico en su mente de explorar una relación romántica. Cuando Sara se negó, Guillermo estaba tan herido y desconsolado, que le dejaba mensajes todo el tiempo. Sara le respondió de manera tajante que ellos se veían con frecuencia por el tipo de relación que tenían: Sara era su trabajadora social, no una amistad informal, y mucho menos una amistad romántica. Le explicó las reglas éticas que rigen su conducta, le demostró que, aunque es natural para los clientes desarrollar esos sentimientos, es simplemente inadecuado e inaceptable cruzar esas barreras. Pero el amor lo puede todo, le comentaba Guillermo a Sara, mientras ella se sentía cada vez más incómoda. Optó por transferir el caso a un trabajador social masculino, se cambió de departamento y se despidió del paciente deseándole lo mejor. Pero Guillermo se enfermó de amor. Le mandó mensajes, hizo llamadas, entró a su oficina después de las horas de trabajo dejando lo que él creía eran indicios de su amor eterno por ella, pero que ella veía como una indicación de acoso patológico. Cuando sintió ese rechazo, su amor se tornó en ira. Ahora, en vez de mensajes de amor, Guillermo introdujo una demanda legal, alegando que Sara trató de enamorarlo y en ese proceso, le causó daño y sufrimiento emocional irreparable. Esto ocurrió de varias formas, por años, hasta que se le impuso una orden de restricción. Guillermo idolatraba a Sara, una relación imposible que él sabía muy bien no podía concretarse. Cuando no pudo ignorar el rechazo, su idolatría hacia la amante ingenua se transformó en ira; luego, en resentimiento y, en algún momento, en odio. Existen docenas de combinaciones de esta dinámica, pero el lector captará el mensaje central. El amor como idolatría, es una forma de amor destructivo que hace daño a ambas personas y nunca lleva a una relación satisfactoria o madura. No hemos dicho nada de personas que se casan con su ídolo, o la mujer de sus sueños, pero cuando conocen a la persona como él o ella es, resulta ser muy distinta de la imagen que tenían; con el tiempo, no pueden, no quieren, o no les interesa, mantener esa relación.

- *Impulsividad.* Como en la vida hay excepciones para todo, del universo de personas que conozco, sé de una sola pareja que se casó apenas un mes después de conocerse y, décadas después, viven juntos en un matrimonio feliz y sano. La mayoría de las parejas que toman decisiones impulsivas sobre su relación terminan lamentándolo. ¿Qué motiva la impulsividad? La mutua atracción física, "la química," la sexualidad, el romance, los sentimientos, la impresión de compatibilidad, etc. El riesgo asociado con la impulsividad es, incluso, otra causa de atracción. Decisiones tomadas en momentos llenos de emoción, nublan la capacidad de ver los detalles a largo plazo y pueden alterar el rumbo de vida de un individuo incapaz de considerar las consecuencias. No es ningún secreto que personas con problemas de déficit de atención y/o con trastornos bipolares (maniacodepresivos), estén desproporcionadamente representados en el grupo de relaciones impulsivas. Cuando Said y Zuleika se comprometieron, él ignoró los comentarios de su madre, quien le advirtió en contra de la impulsividad de su flamante novia. La energía y felicidad embriagantes que sedujeron a Said, alarmaron a su madre. Repitiendo las palabras de Zuleika, Said le respondió a su mamá que ella nunca iba a aceptar a ninguna mujer, porque creía que nadie se merecía a su primer hijo. Pocas semanas después, se casaron. Dos años más tarde, Said estaba buscando consejería para salvar su matrimonio. Luego de su boda, Zuleika se deprimió y ya no era la misma. Estaba ahogándose en un mar de tristeza, con tormentas de llanto y ciclones de melancolía inexplicables. Después de un año de tratamiento y medicina, Zuleika había comenzado a ser la misma mujer feliz y simpática de quien Said se enamoró. Él estaba contento de que por fin pudieran reasumir su vida normal, pero ahora, la energía de su mujer había aumentado a tal punto que dormía poco y usaba las tarjetas de crédito al máximo, comprando cuanta ropa podía.

Si antes, la ausencia de intimidad por la depresión era preocupante para los recién casados, ahora su energía abarcaba la sexualidad casi insaciable de su esposa. El sospechaba (aunque temía comprobarlo), que Zuleika estaba teniendo sexo extramarital en encuentros casuales, debido a los detalles de su conducta. Cuando fueron a terapia, Said tenía evidencias de la infidelidad de Zuleika y el matrimonio no pudo sobrevivir. Ese patrón de altibajos emocionales típicos de la depresión maníaca, son quizá el gatillo de la impulsividad que captura la imaginación de la pareja durante el cortejo, pero la destruye durante el matrimonio.

El amor destructivo como Codependencia.

Él era un hombre de negocios muy capaz, con una larga carrera en la producción de radio; ya con hijos adolescentes y un matrimonio anestesiado, en el que ninguno de los dos sentía nada. Humberto se había llenado de trabajo para ignorar la presión asfixiante de vivir con una camisa de fuerza sobre sus emociones. Modesta vivía como si su nombre fuese su misión. Humberto, el exitoso, quería estar en todas partes menos en su casa.

Alba, una mujer con estampa de artista, tenía solo 19 años cuando conoció a Humberto. Los detalles acerca de si ella llegó a su oficina como un nuevo talento para la radio, o si él estaba activamente buscando una aventura dentro o fuera de la oficina, nunca les quedaron claros, pero era innegable que una vez que se conocieron, el flechazo que sienten los enamorados cuando encuentran al ser ideal los traspasó mutua y simultáneamente, al mismo tiempo, a ambos dos. Alba era el rayo de luz que él tanto anhelaba en su vida gris, y Humberto era la estabilidad de la cual ella carecía desde su infancia. En efecto, habiendo crecido con un padre austero, ausente y abusivo, Alba encontró en Humberto el cariño, consuelo y cuidado que le permitieron enfrentar cualquier obstáculo de la vida. La diferencia de edad no tenía nada que ver con ese amor, que parecía tan verdadero.

Cuando Alba llegó a terapia, ella ya había enviudado. Su apariencia impecable y sofisticada a los 60 años, explicaba las acciones de Humberto 40 años atrás. Entre sollozos de luto, comentaba que ella sí amó con desmesura a su esposo, pero su vida fue un martirio.

—¿Martirio?

—Bueno, usted sabe, los hijos de la otra, y la mamá de mi esposo, que quería meterse en todo. En fin, cosas que uno tiene que aceptar de casada. Yo no tenía la menor idea de en qué me estaba metiendo.

En lo que Alba se había metido, era en una relación codependiente. Para proteger a Humberto de los dardos de Modesta, Alba lo hizo el hombre más feliz de la tierra con toda su atención, sus detalles y una confianza férrea en su habilidad para superar el divorcio. Montado sobre su pedestal de bronce, Humberto creyó y aceptó los mensajes positivos de Alba como una confirmación lógica de su decisión amorosa. Nadie lo amaba más que Alba, y él no tenía ojos para nadie más. Alba no era su mujer, sino su novia, su nueva esposa, su amante, la mujer más bella de la vida. Así llegó a depender en y de ella. Por su parte, Alba dependía de la afirmación, adulación y atención constante de su Humberto para sentirse deseada y atractiva, para agradarle a él, y tener significado en su vida. Pero Humberto, lleno de culpa por su divorcio, tenía una piedrita en el zapato de su conciencia que lo llenaba de inseguridad, cuestionándose –como otros hombres de su edad–, sobre si su joven esposa lo dejaría en algún momento por otro más joven (así como él dejó a su esposa), o más rico, o mejor parecido. Entonces, hacía todo lo posible para generar los ingresos necesarios que satisficieran los gustos de casa, vehículos, modas, joyas, y viajes, que la bella Alba demandaba.

—Parece que Humberto quería agradarte en muchas cosas.

—Sí, pero no se crea que todo era luna de miel. Humberto podía ser muy cruel conmigo también. Me decía que no sabía si había cometido un error al casarse conmigo. O me decía que me estaba poniendo muy gorda, o muy flaca. O que ya me estaba poniendo vieja, y me ignoraba cada vez que los hijos de esa mujer venían a visitarlo a casa. Y esos muchachos me hacían la vida imposible.

Alba, por supuesto, conocía los puntos débiles de Humberto y los presionaba sin cesar, cada vez que *la justicia* lo ameritaba. En su queja del control y los celos de su esposo, ella reflejaba la forma en que lidiaba con sus propios celos por la necesidad de controlarlo a él. Eran un espejo. Se controlaban, porque el estado emocional de uno era contingente en el del otro y, en algún momento, confundían su identidad personal por no saber dónde terminaba el uno y dónde empezaba el otro. Su identidad estaba subyugada a la de su pareja. Ella era devota a él, y él a ella. Pero, inseguros de la devoción del otro, trataban de controlarse para mantener la dependencia. Esto se hizo más complejo con el envejecimiento de Humberto y su necesidad de cuidado físico. La manipulación tomó otros matices. Manipulación y obsesión con la pareja, son características típicas de esta dinámica de codependencia, donde lo que parece devoción es la necesidad de controlar la reacción de la otra persona, y eso los lleva a estados de exasperación y éxtasis, muchas veces en el mismo día.

La codependencia puede ocurrir a nivel emocional, como lo demuestran Alba y Humberto. Pero a menudo, la codependencia nace de un hogar donde el abuso, el abandono, la adicción o el alcoholismo, juegan un papel primordial en la dinámica familiar. En la mayoría de los casos de codependencia, una sustancia o una compulsión, son las que llevan al adicto a estar fuera de control y depender de su pareja para que lo rescate, de sí mismo, de la adicción, o del caos familiar. Esforzándose por librar al adicto de su conducta destructiva de dependencia en una sustancia, los cuidadores, los codependientes, están haciendo un esfuerzo por ser vistos, ser escuchados, ser amados, ser notados, sentirse importantes, o tratar de navegar el dolor del abuso. En ese proceso, tratan de controlar a la sustancia y a la otra persona. La codependencia, de acuerdo a Cermak (1986) incluye distorsiones de límites, relaciones enredadas, y un sentido exagerado de responsabilidad para satisfacer las necesidades de los demás sin poder reconocer ni satisfacer las propias necesidades. Por tratar de cuidar y controlar al adicto, la persona desarrolla lo que se conoce como "habilitación". Esta es una parte central de la codependencia, donde quien está involucrado en una relación con un alcohólico, refuerza el consumo de alcohol de su pareja o su ser querido sin darse cuenta. Pero no tiene que ser alcohol u otra sustancia. Puede ser una adicción a juegos de azar (gambling), o al sexo, o a la adrenalina. Porque la persona codependiente se describe como alguien que tiene reacciones exageradas a eventos externos mientras que, al mismo tiempo, ignora las señales y sentimientos internos y, en algún momento, buscará sosiego para sus conflictos internos en una adicción propia. La codependencia, en ciertos círculos psicológicos, se entiende como una enfermedad primaria completa con un patrón de síntomas, curso y tratamiento.

Si tú necesitas ser rescatado de una adicción cualquiera, no estás listo para una relación. Si tú tienes que rescatar a una posible pareja de su adicción, bajo la narrativa de que es una persona tan especial que, si solo recibe ayuda, podría alcanzar su verdadero potencial, estás en una relación codependiente. No entres en esa relación, pero si ya estás en ella, debes buscar ayuda profesional, porque la codependencia es una dinámica mutuamente destructiva. Son relaciones de martirio.

El amor destructivo como control

Nuestro espacio limitado solo nos permite discutir dos aspectos relacionados al control en las relaciones destructivas: la ira y los celos.

La ira y el enojo. Durante el romance, parece que no hay nada que la pareja pueda hacer para causar la ira del otro. Sin embargo, una vez casados o viviendo juntos, la ira es una parte natural de la relación. Las acciones del otro me afectan y no hay nada malo en estar molesto con su conducta, pero es esencial que esos comportamientos sean confrontados y cambien, si la relación va a continuar de manera sana. Por eso, el asunto está en cómo expresar esa ira. Primero debemos entender las causas de la ira y el enojo. De manera general, una causa de la ira es la frustración; si mi pareja no satisface mis necesidades, eso me lleva a la frustración y la frustración, a la ira. Parte de una relación madura está en el esfuerzo intencional de ambos por satisfacer las necesidades y peticiones de la pareja como expresión de amor, pero sabemos que resulta fácil frustrar o castigar a la pareja reteniendo precisamente lo que desean o necesitan; entonces, la ira y el enojo no están lejos. El otro factor causal en la ira es la falta de comunicación asertiva. Mi pareja hace algo que me enardece, pero no sé cómo expresar mis sentimientos y, por lo tanto, o me callo y me desquito luego, o me recrimino a mí mismo por no poder hablar con claridad acerca de lo que me ha sucedido. El otro lado de esa ecuación es que me lanzo en un ataque al carácter de mi pareja, haciéndola sentir muy mal. "*Eres igualita a la vieja de tu madre*" y por ahí me voy. Al final, todos se sienten peor y el problema nunca es aclarado. La comunicación asertiva dice, en cambio: "*Cuando me dejaste esperando sin llamarme, sentí que no tuviste ningún respeto por mi tiempo. Eso me hiere, me molesta y no es correcto. Necesito que cada vez que estemos en esa situación tú me llames y me digas lo que está pasando para saber exactamente a qué atenerme.*" La comunicación agresiva hace daño, mientras que la asertiva, aclara. En esa comunicación hay respeto mutuo y se crea la posibilidad de cambio.

Otro factor de la ira tiene que ver con modelos deficientes aprendidos de nuestros padres en la niñez. Esto es obvio, pero mucho más prevalente en nuestros estilos relacionales de lo que nos gustaría admitir; lo vemos en nuestras reacciones con nuestra pareja o nuestros hijos. El resentimiento por una herida no confrontada o no perdonada es un combustible inagotable para la ira. Aparece de formas pasivas o agresivas; aparece de formas predecibles o inesperadas. Mientras no se aclare, será una llaga supurante de pus emocional. El miedo es otro factor que causa ira. Cuando me siento retado en algún elemento de gran importancia para mí y presiento una pérdida objetiva (económica, laboral, de privilegios, etc.), o subjetiva (pérdida de estatus, valores, o influencia), reacciono con ira. Cuando el miedo se mezcla con la necesidad de control, puedo actuar agresivamente reclamando mis derechos o buscando restablecer lo que percibo como pérdida. Esto es lo que ocurre con los movimientos políticos, cuando políticos populistas manipulan los miedos de la gente para crear un estado de temor que los lleva a reaccionar desde un punto de ira, con el fin de "recobrar," volver hacia, o cambiar el curso de algo. Pero sucede también en las relaciones, cuando nos sentimos violados en nuestro derecho al respeto, a la reciprocidad, al cuidado, al afecto, etc.

Sin embargo, cuando el miedo y la necesidad de control se combinan dentro de una relación, la ira generada se convierte en agresión de la pareja, en violencia doméstica. Este es un problema serio que destruye relaciones, vidas, y, en algunos casos, ciega tanto al agresor, que lo lleva al femicidio. En los Estados Unidos, 10 millones de adultos experimentan violencia doméstica anualmente. Una de cada cuatro mujeres y uno de cada diez hombres experimentan violencia sexual. Es triste que este problema solo aumente con el tiempo.[18]

18   National Coalition Against Domestic Violence (2020). Domestic violence. Retrieved from https://assets.speakcdn.com/assets/2497/domestic_violence-2020080709350855.pdf?1596811079991.

Leonore Walker, escribió un libro ya clásico, en 1979, llamado *El síndrome de la mujer maltratada,* en el que identificó un ciclo predecible de la violencia doméstica en relaciones íntimas, que tenía cuatro fases. A saber,

1. *Tensión.* Durante esta fase, la ira es alimentada por factores estresantes como finanzas, problemas laborales, fatiga, problemas de ajuste sexual, etc. La víctima experimenta ansiedad y está muy alterada, hipervigilante, sabiendo que el agresor puede explotar en cualquier momento. El agresor trata de hacer varias cosas para distraerse y evitar un arrebato de ira. Pero la intensidad de su insatisfacción, su frustración y sensación de impotencia, solo aumentan. Siente que necesita controlar a su pareja.

2. *Incidente.* La frustración explota como si fuese un volcán, y la persona libera la tensión con un arrebato de ira, con la intención de volver a ganar control. Empieza de manera verbal, con insultos y comentarios muy hirientes. Luego, con amenazas de lastimar a la pareja. Demuestra insatisfacción con la apariencia de la pareja, pero realmente

quiere controlar cómo actúa, cómo se viste, qué es lo que cocina, etc. A partir de allí, agrede a su pareja física o sexualmente y continúa con un proceso de manipulación emocional, culpando a la víctima por la agresión, o atacando sus puntos débiles e inseguridades.

3. *Reconciliación.* Al pasar un tiempo después del incidente, habiendo disminuido la tensión, el agresor quiere reconciliarse. Para esto, el agresor regresa con la mejor versión de sí mismo, demostrando su penitencia y haciendo lo posible por reconquistar el amor de la víctima. Compra regalos, la saca a comer a su restaurante favorito, es muy amable y amoroso. Por eso, este período se ha denominado "la luna de miel." A la víctima le toma tiempo, pero cuando ve todo el esfuerzo y las declaraciones de amor, y cómo ha cambiado en su conducta, le permite entrar en su vida de nuevo.

4. *Calma.* En esta fase, se visita el incidente de nuevo y ambos se ponen de acuerdo para explicarlo y excusarlo. *"Fue una aberración, nunca volverá a ocurrir."* O él le dice a ella, *"Tú sabes*

que yo te amo y que realmente no soy así. Ese no era yo. La culpa es de fulano de tal" En otros casos, justifica sus acciones, dando a entender que la pareja hizo algo muy ofensivo, que le causó tanta ira. A veces la persona lo minimiza, pero una vez de vuelta en la relación, el ciclo continúa con más tensión en el horizonte.[19]

La violencia doméstica es una trampa de control que no tiene resolución positiva. En mi experiencia clínica, la mejor forma de lidiar con este asunto es salir de la relación y tomar acción legal (y en algunos casos, criminal), contra el agresor. La víctima está lidiando con estrés postraumático, además de depresión y un gran sentido de confusión. Necesita apoyo, protección, dirección. Lo que no necesita es mantenerse en una relación que perpetúe su agresión física, emocional, sexual, o verbal. Este tipo de amor es el más destructivo y la persona debe salir por completo de esa relación, buscando ayuda para lidiar con su trauma, reconocer los patrones que la llevaron a esa situación, y desarrollar límites claros para no repetirlos en otras relaciones.

Los celos. Los celos consumen, porque reflejan la sensación de una pérdida de control

19 Walker, L. (2016). *The battered woman syndrome.* 4ᵗʰ Ed. Springer.

sobre los afectos de la persona amada. En el centro de los celos habita una creencia, la idea fija de que el ser amado está siendo o puede ser infiel, ya sea con una persona específica o con una persona *fantasma*. En algunos casos, estos pensamientos reflejan experiencias de traiciones anteriores, o son patrones aprendidos de los padres (sobre todo de padres muy machistas). Los celos son una forma de paranoia, en algunos casos, mientras que, en otros, la persona comienza a sentirse celosa después de encontrar "evidencias" de presuntos rivales. Los engaños, y las aventuras amorosas, después de todo, ocurren en la vida real, no en la fantasía. Pero aquí estamos hablando de celos patológicos, donde el cuestionamiento no es una reacción a un evento específico de la vida real, sino que se fundamenta en suposiciones, fantasías o delirios, debido a la inseguridad de la persona que se siente incapaz de controlar el entorno social de su pareja, dentro del cual cree que existen posibles rivales de sus afectos. En el caso de una personalidad paranoica o sospechosa, o en el peor de los casos, en una persona con esquizofrenia paranoica, todo elemento inocuo se transforma en una confirmación de la "infidelidad" de la pareja. Este es un cuadro complejo, que amerita tratamiento psiquiátrico con medicinas psicotrópicas. El celoso patológico, o celotípico (pero no esquizofrénico), intentará controlar sus sospechas agudas, buscando ejercer dominio sobre la información que su pareja consume, sus contactos y actividades sociales, así como sobre la vestimenta que usa, para que no atraiga atención indeseada. No es raro que una persona celosa recurra a la violencia en un intento desesperado por controlar a la otra persona, porque el sospechoso se siente tan herido y afectado por la presunta infidelidad o motivación infiel de su pareja, que no puede reprimir su arrebato. El abuso no es solo físico, sino también verbal. En efecto, es el acoso verbal el que más drena la relación y la hace insoportable.

Una persona con celos patológicos tiene un profundo sentido de inseguridad, mezclado con una baja autoestima, " *y la percepción inadecuada de los otros como 'traidores' o 'desleales.'* "[20] Puede ser un narcisista, o puede ser un controlador violento. Pero es claro que su estilo es muy destructivo, pues erosiona cualquier sentido de confianza, necesario para el funcionamiento de una pareja sana. Es posible que alguien así responda a tratamiento. Mientras más arraigado sea este patrón patológico, peor será la prognosis de la pareja. El celoso necesita ayuda psicológica especializada por un buen tiempo antes de entrar en una relación sana (y debería mantenerse en

---

20 Behrens, S. *¿Amores que matan? Manual para la expresión y control de los celos.* Magnacolor.

terapia durante su relación). La persona que cela a su pareja para controlarla, está en una relación mutuamente destructiva. Por eso no tiene sentido continuarla.

Capítulo 3

El amor como salvación

Si pudiera ser tu héroe

Si pudiera ser tu dios

Que salvarte a ti mil veces

Puede ser mi salvación

—Enrique Iglesias

En los capítulos anteriores presentamos, si se quiere, lo que podríamos definir como *los riesgos del amor*: su potencial "adictivo", sus desviaciones, y su poder destructivo. En las próximas páginas abordaremos el tema del amor como salvación. La tesis por desarrollar incluye un análisis del papel del amor en la cultura global y su alianza con las fuentes de pensamiento promovidas por la filosofía y la psicología, que difunden la noción del amor como un índice de realización personal y libertad que da significado y trascendencia. Terminaremos con la perspectiva espiritual del amor.

La noción del amor como salvación ocurre en un contexto de lucha por alcanzar el significado personal, en medio de nuestro turbulento y alienante mundo. Los paradigmas evolutivos tradicionales de la era moderna (estudiar, casarse, tener hijos, alcanzar el éxito mediante el logro y la acumulación, jubilarse lleno de años y bienes, pero con salud, dejar un legado, etc.), no solo son una burda caricatura de la vida para las nuevas generaciones, sino que también son conceptos ofensivos a su sensibilidad. Las generaciones actuales se enfrentan a un mundo en declive, en el cual la mera sostenibilidad de la vida en el futuro cercano, está cuestionada. Si los paradigmas y formas de pensar de nuestros padres respondían parcialmente las preguntas trascendentales del ser humano (¿Cuál es mi propósito en la vida? y ¿Hacia dónde me dirijo?), la decepción de las generaciones posmodernas con su desubicación histórica y su ideología fragmentada, las llevan a buscar nuevas formas de trascendencia: no será una trayectoria profesional, sus descendientes o sus pertenencias, lo que les haga sentir que han contribuido significativamente con la humanidad, más allá de su propio entorno. El futuro de un mundo con calentamiento global parece más incierto que nunca, creando olas y maremotos de ansiedad arrasadores.

Henri Nouwen decía, cuatro décadas atrás, algo que aún hoy tiene clara relevancia para un planeta que enfrenta un cambio ambiental ya irreversible a nivel global: *"se ha hecho posible para el ser humano destruir no solo la vida sino también la posibilidad de renacer; no solo el ser humano sino también la humanidad, no solo los períodos de existencia sino también la historia misma."* [21]

La generación de los millennials (nacidos entre 1980 y 1999), piensa distinto y es más optimista que la Generación Z (2000—2017), pero ambas están muy preocupadas sobre el futuro. La generación Z es "digital nativa", son progresivos en sus posiciones políticas, valoran la diversidad étnica y cultural, creen en la intervención del gobierno para resolver problemas, pero esperan un futuro incierto.[22] En los Estados Unidos, por ejemplo, la Generación Z tiene aproximadamente el doble de probabilidades

21   Nouwen, H. J. (1979). *The wounded healer: Ministry in contemporary society.* Image.

22   https://www.pewresearch.org/social-trends/2020/05/14/on-the-cusp-of-adulthood-and-facing-an-uncertain-future-what-we-know-about-gen-z-so-far-2/

que sus compatriotas mayores de 25 años, de tener que luchar contra la depresión y albergar sentimientos de desesperanza. La generación Z tiene tres veces más probabilidades que los millennials (21% frente a 7%), de sentir que sus desafíos son tan graves que pensaron que estarían mejor muertos. Una quinta parte (20%), conoce a alguien que se suicidó.[23] A pesar de sus promesas, la tecnología ha acelerado el proceso de declive climático, anestesiando a sus consumidores con ilusiones de influencia global a través de las redes sociales, cuando en realidad sus usuarios están atrapados en el presente desolador de compararse con quienes siempre tienen mejores fotos y reciben más "likes" en sus cuentas. Dentro de este contexto, las personas buscan nuevas formas de inmortalidad, de trascendencia, que les permitan mantener un sentido interno de continuidad sobre el tiempo y el espacio, con los distintos elementos de la vida ligados a su sentido de identidad (pasado, presente, y futuro).

La cultura posmoderna, que ya afecta a todas las generaciones, es relativista en cuanto a la verdad, porque esa es la condición de una "sociedad libre". La libertad permite que la gente haga lo que desea. El impulso es siempre

---

23   https://www.waltonfamilyfoundation.org/new-report-reveals-what-issues-motivate-gen-z-and-their-future-priorities

usar incluso la razón de manera instrumental para conseguir más de lo que uno desea, sea cual fuere tal deseo, siempre y cuando no ofenda abiertamente a otros. Esto está basado en la ética de la autenticidad, que se alimenta de la libertad personal. Esta es la noción que Taylor (1991) ha llamado libertad de autodeterminación. *"Es la idea de que soy libre cuando decido por mí mismo lo que me preocupa, en lugar de ser moldeado por influencias externas".* [24]

Por eso, el énfasis es en el aquí y el ahora, en el presente. Atrapado en el presente, pero activo en su experimento de vida, el ser posmoderno busca experiencias místicas que le traigan un sentido de dirección y conexión consigo mismo y con su entorno. Meditación, yoga, contemplación, psicoterapia, autocrecimiento, relaciones, religión, todas son formas legítimas e importantes de buscar esa conexión y experimentar trascendencia. Por otra parte, la idea de revolución, de cambio drástico, de un sismo que rompa esquemas y cree un nuevo orden en distintas esferas de la vida, nunca está lejos de quienes desean trascender los linderos arcaicos que heredaron pero que consideran opresivos. La experiencia, sin embargo, nos ha demostrado que las tales llamadas "revoluciones", en lugar de crear un

24   Taylor, C. (1991). *The malaise of modernity.* Anansi Press.

nuevo orden, reinventan el autoritarismo para mantener el poder y, en vez de crear igualdad y prosperidad social, triunfan en cimentar la miseria equitativamente. Los esquemas de vida que se quieren trascender ahora no son solo sociales, sino también biológicos y físicos. Las máquinas pensantes están irrumpiendo en la experiencia cotidiana, retando lo que hasta ahora era la esencia del ser humano dentro del mundo occidental y la tradición cartesiana: *cogito ergo sum* (pienso, por lo tanto, existo). Si una máquina puede *pensar* con marcada eficiencia ofreciendo soluciones ante escenarios sociales, políticos y económicos, ¿cuál es el papel del ser humano en tomar decisiones autónomas que lo mantengan en control de su vida? Y ¿qué de la inteligencia artificial dentro de nuestra experiencia personal? ¿Será acaso, *colligo ergo sum* (acaparo [datos], por lo tanto, existo)*?*

Ante la situación del ser humano, se forjan varias respuestas como posibles soluciones y todas tienen al amor como centro. En la cultura de la autenticidad, las relaciones son vistas como los lugares claves del autodescubrimiento y la autoafirmación. *"Las relaciones amorosas no solo son importantes, por el énfasis general de la cultura moderna en la satisfacción de la vida ordinaria. También son cruciales por ser los crisoles de la identidad generada internamente."*[25]

25   Taylor (1991), p. 49.

Aquí consideramos la tesis del amor como salvación (es decir como un proceso que rescata y saca al individuo de su maraña de vaciedad), desde tres perspectivas: filosófica, psicológica y teológica.

El amor como salvación—perspectiva filosófica.

Tú amas el amor. Son las personas para quienes no tienes tiempo

—*Kim Basinger, Third Person (2013)*

En la película *Third Person* (2013)[26] Kim Basinger juega el papel de Elaine, la esposa abandonada por el famoso escritor Michael (Liam Neeson), quien se ha hospedado en un hotel parisiense para terminar su nuevo libro. Pero eso es solo una excusa burda para mantener una tórrida aventura con la bella y prediciblemente errática, Anna (Olivia Wilde), una periodista con pretensiones de novelista. Elaine está hablando con Michael al teléfono mientras Anna está en el mismo cuarto, y lo confronta con su deshonestidad dañina. Ella sabe lo volátil y "enamorado" que resultó ser su esposo, quien expresa sus afectos generosamente a cuanta fémina captura su imaginación; por eso lo desafía con las implicaciones de su conducta. Buscando sentir

26   Haggis, P. (Director) (2013). *Third Person* [Film]. Corsan Highway 61 Films.

el amor con cada aventura, Michael demuestra que no le importa cómo sus acciones afectan a las mujeres en su vida. Incrédula, Elaine le pregunta: "*¿De verdad no sientes nada...?*", y allí le da su dictamen, que encapsula la moraleja central del film: "*Tú amas el amor. Son las personas para quienes no tienes tiempo.*"

Michael busca sentir algo fuerte para poder comunicarlo en sus escritos, pero solo lo logra cuando está inspirado por las nueve musas[27] de las artes que habitan, simultáneamente, en el cuerpo de su amante, Anna. Por su parte, Anna, con una propensión particular hacia la tragedia (a lo Melpómene), también lo confronta repudiando la deshonestidad de Michael (en la cual ella participa con plenitud y libre albedrío), planteándole la cuestión de cómo se deshará de ella cuando se canse y se enamore de otra musa que estimule en mayor grado sus necesidades creativas. El largometraje resuena con la cultura, porque todos los personajes adolecen de, y buscan ávidamente el amor, ya sea en una unión matrimonial, o a través de una relación ilícita; por medio de una relación filial, o en un encuentro azaroso. Sin

---

27   En la antigüedad greco-romana las nueve musas que proveían inspiración creativa eran: Calíope, Clío, Erato, Euterpe, Melpómene, Polimnia, Terpsícore, Talía, y Urania. https://susanaclavero.wordpress.com/2016/01/18/las-artes-y-sus-musas/.

embargo, todos los personajes están en crisis debido a su estado emocional indigente. En este sentido, esta película refleja la condición humana: buscamos el amor hasta que lo encontramos, pero una vez allí cuestionamos, no solo el presente (v.g., la relevancia de ese amor para con nuestros intereses, deseos o expectativas), sino también el futuro (v.g., la sostenibilidad de la relación y las motivaciones de la otra persona vis à vis las novedades enfrentadas).

Empezamos citando una película ya que, tomándole el pulso a los patrones de consumo de la gente, los moldeadores de cultura producen contenido con *el amor* como tema directo o indirecto. Esto ocurre en todos los medios. Por ejemplo, las novelas románticas impresas (el género literario más vendido), generaron $1.44 billones en el 2022. Esto incluye un aumento de 36% en el número de novelas de romance impresas, en comparación al 2021.[28] Hasta el 2019 (antes de la pandemia), las comedias románticas representaban casi una décima parte de todos los ingresos de la multibillonaria industria cinematográfica a nivel mundial.[29] Resulta casi innecesario hablar sobre el tema del amor

---

28   https://wordsrated.com/romance-novel-sales-statistics/

29   https://www.the-numbers.com/market/genre/Romantic-Comedy

en la música, o en la poesía (presente durante milenios). Sabemos que las canciones románticas, en cualquier idioma, elevan a la fama a muchos. Por generaciones, las canciones han expresado el anhelo por el verdadero amor, o explicado el dolor por el amor perdido/inalcanzable, o el que causan las traiciones amorosas.

El amor, dentro de la cultura general, representa un importantísimo mercado de consumo y, por lo tanto, quienes generan contenido cultural lo enfatizan pues lo ven como un renglón económico a explotar. Pero el amor como tema, también es presentado desde un punto de vista que parece siempre empujar los límites: lo intuimos en todos los medios de entretenimiento y comunicación, haciéndose cada vez más evidente y atrevido, sin dejar nada a la imaginación. En la música, podemos comprobar cómo las letras de las canciones románticas, en cualquier estilo actual, se han vuelto muy explícitas.

Las novelas, películas y canciones de amor, producen millones, no solo por reflejar las necesidades, deseos, aspiraciones y fantasías de la población en general, sino también por canalizar el espíritu de los tiempos (el *Zeitgeist*), y transformar la forma de pensar de esa audiencia acerca de cómo satisfacer sus necesidades a través de un paquete consumible. Este proceso no está diseñado por arquitectos de mercadeo en el mundo capitalista (ellos se enteran después), sino por maneras de pensar acerca del individuo y sus necesidades, que reflejan el discurso y debate agudo entre filósofos y sus sistemas de pensamiento. "

"¿Cómo fue que dijo?... ¿Sistemas de pensamiento? ¡Qué va! Hasta aquí llego yo", dirán algunos lectores que tal vez comenzaron a leer este libro buscando una fórmula mejor para encontrar la pareja ideal, pero esto de la filosofía del amor no es tan complicado ni abstracto como parece. Al contrario, tiene que ver con la forma de entender nuestra condición humana y qué es lo que le da significado: en otras palabras, es comprender las ideas grandes detrás de las ideas de consumo cotidiano. En este esfuerzo, realmente nos estamos haciendo preguntas acerca de la idolatría al amor en la cultura: ¿De dónde viene? ¿Por qué se enfatiza tanto? ¿Ha sido siempre así, o estamos experimentando un cambio reciente? ¿Y qué del alma gemela: puede ser dicigótica o tiene que ser, a juro, monocigótica? ¿Quién lo verifica y cómo? Y si no encuentro mi alma gemela, ¿qué ha ocurrido en el orden cósmico que me lo ha impedido? ¿Por dónde andará? ¿Será que me tengo que conformar con una pareja que resulta ser el equivalente de un alma genérica? Hay infinidad de preguntas más que deberíamos hacer, no para ridiculizar o satirizar al amor romántico, sino para empujar la lógica y las premisas de ciertos conceptos que se han aceptado pasivamente como formas legítimas de pensar, sin ninguna exploración rigurosa de sus implicaciones.

Aquí haremos una aproximación leve (y digo leve, porque nunca hay suficiente espacio para disertar de manera elocuente sobre el amor y, menos aún, desde una perspectiva filosófica), con el fin de entender qué factores (aparte de la necesidad personal de experimentar el amor), alimentan la idolatría que le rinde nuestra cultura.

Tiene sentido aseverar que el amor trae esperanza: el amor de madre u otro amor filial, el amor romántico, el amor fraternal, motivan nuestras acciones y orientación hacia el futuro; nos presentan un horizonte por el cual forjar nuestros esfuerzos. Pero, aún en ausencia de un ser o enfoque de amor específico, la esperanza en un futuro mejor está ligada al concepto mismo de supervivencia. Sin importar la época ni la latitud donde la gente viva, el ser humano siempre ha necesitado encontrar y enfocarse en fuentes legítimas de esperanza. Mientras peores las condiciones, más importante es el papel de la esperanza. Viktor Frankl, en su libro *El hombre en busca de sentido*, recuenta cómo la esperanza en el futuro fue el factor más importante en determinar quién sobrevivía a los campos de concentración nazis durante la Segunda Guerra Mundial. Como psiquiatra entrenado, él comprobó que, si un prisionero perdía la fe en el futuro, su futuro estaba condenado. Con su pérdida de fe en el porvenir, esa persona también perdía su apoyo espiritual. Perder la esperanza les daba permiso para decaer y quedar sujetos a la decadencia mental y física. Pero nada daba tanta esperanza como el amor. Dice Frankl: la salvación del hombre consiste en el amor y pasa por el amor."[30]

La esperanza basada en ideales por un mundo mejor fue vital en la vida de Nelson Mandela, quien a pesar de haber sido condenado a cadena perpetua no perdió su fe en el triunfo de la justicia sobre el sistema racista e insostenible del Apartheid. También tenía la certeza (en *El largo camino a la libertad,*[31] Mandela lo presenta como una convicción inamovible), de que llegaría a ser el legítimo presidente de una nueva Sudáfrica. Por lo tanto, se ejercitó todos los días en su celda, culminó sus estudios de abogacía y aprendió a hablar Afrikaans, el idioma de sus detractores blancos. En 1994, fue elegido como el primer presidente negro de su país. Él nunca

30   Frankl, V. (2015). *El hombre en busca de sentido.* (p. 62). Herder.
31   Mandela, N. (2016). *El largo camino a la libertad* . Debolsillo.

perdió la esperanza ni permitió que el odio lo conquistara; su amor por una sociedad justa, por una patria mejor, alimentó su ilusión. El amor y la esperanza tienen un nexo importante que ha sido resaltado en la historia del pensamiento. Por traer esperanza a varios niveles, el amor es objeto de énfasis dentro de nuestra cultura.

Pero esta idea de que nuestras actividades se conectan con la esperanza por estar orientadas hacia el futuro, viene de Platón, quien sugirió que el amor puede llevar al individuo a considerar el supremo concepto de la belleza que se encuentra cuando la persona pasa de admirar la belleza física del ser amado (eros), a admirar la belleza del alma (v.g., el tal llamado amor platónico).[32] Como el amor lleva a la persona a considerar el bien del otro (ética), el individuo actúa con bondad y virtud en la sociedad y en sus relaciones. Por eso, para Platón, quien no tome el amor como punto de partida nunca comprenderá la naturaleza de la filosofía. Esto todavía impacta a los filósofos, que siguen disertando sobre el lugar sublime del amor en la experiencia humana. El concepto platónico del amor como el impulso que nos lleva hacia la

---

32   *Pero el amante de un alma bella permanece fiel toda la vida, porque lo que ama es durable.*

Platón. El banquete o del Amor (Anotado) (Spanish Edition) (p. 16). FV Éditions. Kindle Edition. La obra original griega es el Συμπόσιον.

idea de algo más (al igual que el enamorarse lleva a la *idea* de la belleza y felicidad; o el amar a un hijo nos lleva a la *idea* del perdón), es todavía muy influyente. En esa belleza del amor, reside la inmortalidad del individuo: "*De aquí se sigue que la inmortalidad es igualmente el objeto del amor.*"[33]

En su diálogo provocativo, *Éloge de l'amour,* Alain Badiou, un filósofo contemporáneo, dice que existen tres formas de entender el amor. Primero, la interpretación romántica que se enfoca en el éxtasis del encuentro. Segundo, la interpretación basada en una perspectiva comercial o legalista, que ve al amor como un contrato en el cual ambos miembros de la pareja obtienen beneficios mutuos. Finalmente, existe una visión escéptica que transforma al amor en una ilusión. Badiou las rechaza todas y alienta a su vez una visión del amor que nos impulsa hacia la verdad (como Platón), donde el mundo es experimentado desde la perspectiva del otro; una perspectiva de diferencia y no de identidad personal. O sea, el amor construye una verdad de lo que significa ser dos, en lugar de una sola persona. Este proceso de incluir a la otra persona es el fundamento de la ética, donde las acciones no están basadas en el beneficio personal, sino en el beneficio del ser

---

33   Ibid, p. 39

amado.[34] La madre sacrifica su comodidad por la del recién nacido; el hijo sacrifica su vacación por cuidar al padre anciano; el amante pone las necesidades de su amada antes que las suyas. En el encuentro con el ser amado, la persona lidia con la verdad de su realidad buscando el bienestar del otro. De allí surge la esperanza. Siendo un sentimiento compasivo, considera la verdad del otro y, al hacerlo, disfruta del placer que trae cuidar del otro. El que ama tiene esperanza de ver el nuevo día, de un futuro mejor, de una realidad satisfactoria en el regazo del ser amado.

Ligado al sentido de bienestar personal, el amor nos conduce a la verdad, porque queremos compartir con el ser amado la realidad de quienes somos, tanto como la realidad de lo que vivimos. Una relación amorosa donde falsedad o medias verdades rigen la interacción de la pareja, se transforma siempre en una dinámica de explotación. Esto es cierto, por igual, en todas las relaciones. El que miente, está en la relación porque recibe una ventaja (cuidado, estabilidad financiera, reputación, ayuda, etc.), pero ha roto el nexo de la verdad que rige el amor. La falsedad, y peor aún, el enterarse de que aquello que habíamos tenido por cierto es una burda mentira (v.g.,

---

34   Badiou , A. (2009). *In praise of love.* New Press. (Traducido del francés original Éloge *de l'amour.* Flammarion).

existe otra realidad alterna), nos lleva no solo a la desesperanza sobre el valor de las relaciones, sino también a una crisis epistemológica (donde cuestionamos todo lo que creemos verdadero). Por eso el énfasis en una relación amorosa que sea mutuamente transparente.

La meta es entrar en una relación amorosa tan fuerte, que nos conduzca a ser genuinos y diáfanos con el ser amado y con nosotros mismos. Vivir en esa verdad nos lleva a tener certeza sobre nuestra vida, y nos permite actuar en beneficio del ser amado y de la familia que surge de esa unión. Esto nos da un grado de propósito y también de felicidad. En la relación amorosa y en el impacto de esta se puede encontrar significado, porque nos lleva a mantener roles delineados y nos enfoca en metas específicas. En ese sentido, el amor ofrece salvación sobre la desesperanza, tanto como sobre la necedad y vaciedad de la vida.

Es notable que aún Salomón, otro amante de la sabiduría, dijo, *"Goza de la vida, con la mujer que amas, todos los días de tu vana vida que Dios te ha dado debajo del sol; porque esta es la porción de tu vida y del duro trabajo con que te afanas debajo del sol"* (Ecles. 9.9, RVA). El amor romántico según esta perspectiva, no salva de la *vanidad* (del vocablo hebreo, *hebel*, vaciedad), de la vida y de la tragedia del mal, pero permite disfrutar la vida como una recompensa por el duro trabajo que resulta ser el lote de la vida temporal. El amor provee un respiro en la vida que, de otra manera, es pura vanidad. Salomón enfatiza que la muerte es el gran ecualizador, a donde van el sabio y el necio, el rico y el pobre, a pesar de todo su afán. Mientras vivas, ama, es uno de los mensajes de Salomón.

En su muy influyente opus magnum, *The denial of death* (la negación de la muerte) Ernest Becker (1974),[35] postula que el ser humano es capaz de una conducta universal que causa daño y permite múltiples expresiones del mal: la violencia. Esa violencia y sus distintas permutaciones, reflejan un esfuerzo por negar nuestra fragilidad humana, por negar la sandez de la vida, la muerte. Nuestro sentido de vulnerabilidad y mortalidad dan lugar a una ansiedad básica, incluso a un terror, acerca de nuestra situación, así que ideamos todo tipo de estrategias para escapar de la conciencia de nuestra mortalidad y vulnerabilidad, así como de la ansiedad creada por nuestra concientización de ello. Son este miedo y esta ansiedad, las que nutren las expresiones de patología humana manifestadas como conductas irracionales. Una forma de escape es crear un sentido de inmortalidad. Pero, con el declive de la religión en la sociedad, los individuos tienden

---

35   Becker, E. (1974). *The denial of death.* Free Press

a perseguir su impulso del heroísmo cósmico con amantes. Como la trascendencia y la inmortalidad son complicadas de alcanzar, el ser humano se conforma con lo más cercano: un amante, un líder político idealizado, una causa, se convierten en el objeto hacia el cual se transfiere el heroísmo cósmico. El ser amado es ahora el objeto de transferencia (como en el paradigma freudiano), que encapsula el poder y la inmortalidad. Además, se convierte también en el determinador del bien y del mal. Esto sería lo que Becker llama, *la solución romántica.* El objetivo de complacer al amante se convierte en el único motivo de la persona para ganar la inmortalidad. Leamos como él lo pone, en sus propias palabras:

Si [el ser humano] *ya no tenía a Dios, ¿cómo iba a hacer esto* [negar la muerte]*? Una de las primeras formas que se le ocurrió, como intuyó* [Otto] *Rank, fue la "solución romántica": fijó su deseo de heroísmo cósmico en otra persona en forma de objeto de amor. La autoglorificación que necesitaba en su naturaleza interior ahora la busca en la pareja amorosa. El compañero de amor se convierte en el ideal divino dentro del cual puede realizar la propia vida. Todas las necesidades espirituales y morales ahora se concentran en un solo individuo. La espiritualidad, que una vez se refirió a otra dimensión de las cosas, ahora es traída a esta tierra y se le da forma en otro* *ser humano individual. La salvación misma ya no se refiere a una abstracción como Dios, sino que puede buscarse 'en la beatificación del otro.'* (Becker, p. 159)

En este pasaje, Becker articula la esencia del *Zeitgeist* posmoderno sobre el amor como salvación. En el amor, la persona sin Dios encuentra esperanza, trascendencia, significado, heroísmo cósmico, una razón para vivir. Quizá esto es lo que de manera ignota nos decía Enrique Iglesias en su canción de amor. *Si pudiera ser tu héroe, Si pudiera ser tu dios, Que salvarte a ti mil veces, Puede ser mi salvación.* El amor, dentro de la sociedad posmoderna, es el deseo de experimentar la inmortalidad a través del amante o el amor de otra persona. Idolatrando al ser amado al que está apegado, el individuo busca la inmortalidad.

Otro pensador influyente que ha popularizado la filosofía con reseñas sobre la historia del pensamiento y la tradición estoica, es Luc Ferry. Leyéndolo, su orientación humanista secular y su proselitismo estoico, se hacen patentes. Él tiene dos libros sobre el tema del amor, *Familia y amor: Un alegato de la vida privada,* y *Sobre el amor: Una filosofía para el siglo XXI.* En su discusión sobre la filosofía del amor, Ferry va un paso más allá de Becker. Para él, la filosofía es una doctrina de salvación secular, una sabiduría sin Dios, o al menos sin Dios como se entiende en las grandes religiones monoteístas, y sin el socorro de la fe, ya que es a través de la lucidez de la razón, que Ferry piensa se debe alcanzar la verdadera sabiduría.[36]

Para Ferry, la filosofía lleva a la salvación porque es la guía de la buena vida sin miedo a la muerte (v.g., Ferry se aferra a la tradición estoica).[37] Lo que debe preocuparnos, de acuerdo a Ferry, es vivir bien la única vida que tenemos, la terrenal (a lo Simón Díaz: *Caballo viejo no puede perder la flor que le dan porque después de esta vida no hay otra oportunidad*). Ferry culmina

---

36   Ferry, L. (2013) *Sobre el amor: : Una filosofía para el siglo XXI.* Paidós Ibérica.

37   *La escuela estoica fue fundada alrededor del año 300 aC por Zenón de Citio, un lector voraz de diálogos socráticos, que también estudió con los cínicos Crates y fue influenciado por las enseñanzas de la Academia de Platón y la Escuela Megárica   . La Stoa compitió con la escuela fundada poco antes en Atenas por Epicuro, y los puntos de vista estoicos y epicúreos a menudo se comparan y contrastan. Zenón fue sucedido en el liderazgo de la Stoa primero por Cleantes   de Assos y luego por Crisipo de Soli, quien dirigió la escuela desde alrededor de 230 hasta 206 aC y fue su principal teórico y sistematizador. Después de Crisipo, la posición de "erudito" pasó a sus antiguos alumnos, el último de los cuales fue Diógenes de Babilonia a mediados del siglo 2 aC.* https://plato.stanford.edu/entries/ stoicism/#SchoHist

Sobre el amor con una "doctrina de salvación", destacando las cosas que pueden dar sentido a nuestras vidas a pesar de la muerte. Para ello, la "entronización del amor" es central. Dice Ferry: *"...la revolución del amor conllevará una nueva idea del sentido de la vida en nuestras sociedades, un cuestionamiento sin precedentes que rompe con las viejas definiciones." (p. 10).* Pero como todo en filosofía, las definiciones nuevas tienen una base en el pensamiento e ideas de pensadores anteriores. La idea de Ferry usa a Nietzsche y su concepto de *amor fati.*[38] Dice él. *"Aquí podemos, entre líneas, discernir una magnífica doctrina de la salvación, de la buena vida, que sitúa el sentido de la vida en armonía con el cosmos, en el amor del presente, en lo que Nietzsche llamó amor fati, el amor de lo que está allí."* (p. 13).

Ferry propone una espiritualidad secular basada en el amor. *"El amor, que por definición es potencialmente aplicable a todas nuestras disposiciones, permite que cada una de nuestras actividades se adhiera a un principio de significado de poder sin paralelo dentro de un sistema filosófico coherente. La espiritualidad secular ...se basa en la idea* [Hegeliana] *de que las actividades humanas, incluidas las*

---

38   La idea de la afirmación   de nuestras vidas tal y como son. (Ver Nietzsche, F. W. (2002). *La gaya ciencia, libro IV* (Vol. 273). Edaf.)

más materiales, están siempre envueltas en una problemática espiritual, bajo la mirada del Espíritu,[39] de la inteligencia, que cambia la situación. Esta es la marca de la humanidad." (p. 60).

Ferry, entonces, nos presenta un modelo de salvación de la humanidad basado en amor: amor romántico, amor a familiares, amor al prójimo. En efecto, Ferry presenta un imperativo ético de nuestra conducta social basada en el amor, que suena a un evangelio humanista, intencionalmente secular. Dice él que, para revolucionar con amor a la sociedad, necesitamos una política de intereses. Una política que, a diferencia de Hobbes o Marx, se enfoque en pensar más en términos de simpatía y fraternidad. O sea, una política que emule los valores de la sociedad francesa. Desde este punto de vista, la fórmula de un nuevo imperativo podría ser más o menos la siguiente: *"Actúa de tal manera que la máxima de tu acción pueda aplicarse a aquellos a quienes más amas"* (p. 171). Personas o sociedades que se ajusten a este evangelio humanista secular, tratarían a los extranjeros, o a los desempleados, de manera diferente, como si fuesen sus propios hijos.

---

39   Espíritu o *Geist* en el pensamiento de Hegel, un filósofo idealista, se refiere a la razón y al propósito último de las cosas (o sea, al sentido télico o teleológico)

La filosofía humanista ha influenciado el pensamiento social y las aulas públicas del mundo occidental durante casi 100 años. La "revolución del amor" ya lleva seis décadas permeando la conciencia común de la mayoría de las culturas. La propuesta de Ferry percola el mercado de ideas desde hace ya 10 años. Pero a pesar de todo eso, no ha habido un cambio notable en la conducta de las sociedades que haya salvado al ser humano de sí mismo o de causar mal a otros. Claro está, la misma crítica es aplicable a múltiples sistemas de pensamiento. Pero, lejos de ser una trivialidad, este abordaje sigue teniendo influencia en la vida cotidiana, por ser muy facilista. Como diría el mismo Becker, en lugar de alcanzar una trascendencia cósmica, entronizar al amor como salvación se ha relegado a la experiencia personal. El otro, mi pareja, el ser amado, es quien brinda el sentido de propósito y esperanza para la vida en el aquí y el ahora. Este es un abordaje filosófico prevalente en nuestro mundo posmoderno, que busca ansiosamente amar y ser amado.

El amor como salvación—perspectiva psicológica

En esta sección solo abordaremos dos escuelas de pensamiento psicológico sobre el amor: el psicoanálisis y la psicología positivista.

En 1992, estalló un gran escándalo dentro de la farándula; nada nuevo en ese renglón, pero esta vez no era una super modelo exótica, ni un actor atlético de películas de acción: se trataba de Woody Allen, comediante, escritor, fanático del basketball y cineasta, quien había mantenido una relación con Mia Farrow durante doce años, pero rompió con ella por tener una relación amorosa con Soon-Yi Previn, quien resultó ser nada menos que la hija adoptiva de Farrow.[40] Allen tenía 56 años y Previn, 22. Todas las preguntas acerca de esa relación, basadas en el concepto de incesto (Allen conoció a Soon-Yi cuando esta tenía 10 años y la vio crecer en casa, junto con los hijos nacidos de su relación con Farrow), eran legítimas. Habiendo ofendido todas las posibles sensibilidades éticas y morales de la liberal sociedad neoyorquina, Allen y Soon-Yi no dieron un paso atrás. Ellos iban a ser una pareja contra viento y marea. Suponiendo que Allen era el adulto en la relación, los periodistas le preguntaron que cómo podía justificar su conducta, a lo cual contestó lo que los titulares de prensa inscribieron en los periódicos de la conciencia común: *El corazón quiere lo que quiere. No hay lógica en esas cosas. Conoces a alguien y te enamoras y eso es todo.*" Se casaron

---

40   Soon-Yi Previn nació en Corea   del Sur y fue adoptada por la actriz Mia Farrow y el músico André Previn cuando eran   una pareja.

en 1997 y, en el 2023, todavía están juntos, como probando la veracidad del comentario de Allen. Claro está que Allen se había enamorado de Farrow antes de Soon-Yi, y de Diane Keaton, antes de Farrow, y de otras adolescentes antes de ella (Babi Christina Engelbart, y Stacy Nelkin), y también de sus dos primeras esposas (Harlene Rosen y Louise Lasser). La respuesta de Allen, quien estuvo en psicoanálisis por años, representa lo que muchos consideran *autenticidad*.

Sigmund Freud, el padre del psicoanálisis, tuvo una influencia global sobre la psicología y la psicoterapia por lo menos durante diez décadas. Cuando visité su casa en Viena y entendí más acerca de su contexto sociohistórico, pude vislumbrar las causas de su razonamiento sobre la naturaleza humana y sus necesidades.

Freud empieza con un abordaje científico del comportamiento humano, entrenándose como neurólogo. Su primer intento de explicar los trastornos conductuales sin causas neuroanatómicas, las tales llamadas neurosis, no representan una contribución original. Después de una pasantía de cinco meses con Jean-Martin Charcot en París, Freud experimentó un ensanchamiento epistemológico al verificar la influencia, el impacto funcional, de aspectos psicológicos manifestados como enfermedad psicosomática (conocidas como *histerias*), u otras formas de trastornos mentales. Tras observar en la clínica de Charcot, que personas con *neurosis* eran capaces de hablar sobre la razón de su condición durante estados de hipnosis, pero no en su estado de conciencia normal, Freud empezó a desarrollar su teoría del inconsciente como factor clave en la personalidad del individuo (constituida por el id, ego, y superego). Según Freud, el individuo evoluciona en su personalidad resolviendo distintas etapas de desarrollo psicosexual (y lo opuesto de resolución, es la fijación que se manifiesta como patología). El austríaco afirmaba que la fuente de energía que impacta toda la conducta humana, desde siempre, es la libido (energía sexual), presente desde la infancia. Estas etapas incluyen: la etapa oral, anal, fálica, latencia y genital.[41]

Caminando por los pasillos de su casa en Viena, se me hizo claro que esta resulta ser una teoría muy apta para las élites culturales e hipersexualizadas de la Viena opulenta de finales del siglo XIX. La Viena de una élite judía muy pudiente, una clase dorada que estaba en conflicto con su lugar en el mundo y tenía una intensa agitación interna entre los imperativos éticos

41   Ver, Freud, S. (2021). *Tres ensayos sobre teoría sexual: Psicoanálisis* . El Quijote Literario.

de su herencia religiosa[42] y sus deseos intensos, que incluían la experimentación sexual.[43] En ese contexto, Freud proporcionó un sistema que ayudó a las personas a sustituir sus nociones religiosas anteriores sobre el bien y el mal, la moralidad y el decoro, con una explicación integral basada en la sexualidad, cuyo juez era el inconsciente del individuo. O sea, él facilitó la sustitución de un sistema simbólico (externo, religioso), por otro (interno, psicoanalítico), sin perder su identidad cultural judía (Freud mismo se identificó como judío hasta su muerte). En otras palabras, era una pseudo salvación lograda a través de un intenso trabajo terapéutico que exploraba las fijaciones en etapas no resueltas del pasado y brindaba un sentido de integridad, madurez y confianza en el presente. El asunto era resolver las fijaciones de la libido. O, como dirían algunos freudianos, aceptar que *"todo tiene un correlato sexual."*

Dentro de esta cosmovisión, ni la fe, ni la religión, conllevan a la felicidad o a la

---

42   Para Freud la religión es una neurosis colectiva de la   humanidad. En su cosmovisión psicosexual las creencias religiosas expresan las ilusiones que cumplen deseos ligados a las necesidades emocionales pero inmaduras del niño que vive dentro del adulto.

43   Para una discusión detallada del tema, ver Bettelheim, B. (1991). Freud 's   *Vienna and other essays.* Knopf.

autorrealización. Freud considera que ambas son innecesarias para el bienestar de un adulto. A manera de contraste, lo que realmente necesita la persona es identificar los patrones limitantes de sus fijaciones, sanar de las malas experiencias del pasado y desarrollar introspección (autoconocimiento), acerca de cómo el inconsciente afecta su conducta. Esta teoría les permitió a las clases pudientes dejar sus defensas primitivas (v.g., proyección, represión, negación, supresión, etc.), que se manifestaban (igual que las neurosis), en conductas compulsivas de ritos repetitivos. Si la persona se libera de esa ilusión podrá vivir una vida plena donde la ciencia reemplace a la religión, y la razón, a la fe.[44]

No les he resumido toda la teoría freudiana, pero algunos pensarán que este Freud tenía una "fijación" sexual. Otros estarán analizando sus etapas de desarrollo, y aún otros pensarán que, si realmente el asunto es así como él dice, ¿dónde cabe el amor en el paradigma psicoanalista?

Para Freud, no existe el amor como una realidad madura. Freud conceptualiza el amor como una pretensión desesperada de buscar afecto. Pero debajo de esos deseos existen fantasías,

44   Para entender el pensamiento de Freud sobre la religión, véase *El futuro de una ilusión* (publicado originalmente en 1927), *Conductas obsesivas y prácticas religiosas* (1907) y Tótem   y tabú (1913).

sentimientos e ideas destructivas, que reflejan la naturaleza humana. La sexualidad, no los sentimientos, es el elemento más importante sobre el amor. Existe un abordaje de amor-odio en las relaciones íntimas. Cabe destacar que pensadores freudianos posteriores conceptualizan al amor de manera distinta, pero mantienen la primacía del inconsciente y, por ende, su influencia.

El confesor, el pastor, el rabino, el reclinatorio, son reemplazados por un nuevo sacerdote —el psicoanalista—, quien nos lleva a descubrir la verdad sobre nuestros más profundos deseos de intimidad y así salvarnos de las trabas impuestas por fijaciones que impiden la mejor versión de nosotros mismos. La conducta de Woody Allen acerca de su "enamoramiento" de Soon-Yi, ejemplifica un resultado lógico del abordaje freudiano puro.

Creando un cambio paradigmático sobre lo que trae bienestar y salud mental al individuo, se encuentra la psicología positivista, como una reacción al psicoanálisis. La psicología positivista, definida por su mayor promotor (Martin Seligman), es el estudio científico de las fortalezas que permiten a los individuos y las comunidades florecer.[45] Sin embargo, las bases de

45   Una versión de consumo público que explica esta modalidad y sus bases se puede encontrar en https://ppc.sas. upenn.edu/our-mission

la psicología positivista datan de mucho antes de que Seligman la promoviera, cuando se convirtió en el presidente de la *American Psychological Association,* en el año 2.000. Desde los años 80, la psicología se ha volcado al mundo de la felicidad, buscando saber qué la trae y cómo se puede fomentar. Pero aún Maslow, en los años 50, habló sobre una psicología positiva. La idea central de la psicología positivista es enfocarse en la promoción de la salud mental, y no solo en tratar la enfermedad mental. Esto dio paso a los modelos cognitivos, como una visión "iluminada" sobre la naturaleza de la conducta, que tiene que ver con el manejo de las cogniciones, en lugar del inconsciente. Son las cogniciones, que pueden ser identificadas con precisión tanto por el paciente como por el terapista, las que se convierten en el factor de cambio del estado psíquico. Para que florezca y prospere, es importante que el individuo se enfoque en sus fortalezas. Esto permite un enfoque en las cosas positivas de la vida: la felicidad, el amor, las relaciones, la autorrealización, porque *"La psicología positiva es el estudio científico de lo que hace que la vida valga más la pena."*[46]

---

[46] https://www.sav.sk/?lang=en&doc=services-news&source_no=20&news_no=10520#:~:text=Martin%20Seligman%20is%20known%20as,influential%20researchers%20in%20the%20field.

En este sentido, la terapia cognitivo-conductual es la expresión práctica de la psicología positivista. Es decir, el nivel de gestoría personal en los conflictos psíquicos que enfrentamos, aumenta de manera exponencial cuando descubro, identifico, clasifico, y hago un diario de los pensamientos distorsionados que afectan mi estado anímico. Esto ocurre en horas, y quizá días, mientras que descubrir los conflictos del inconsciente toma años. Aunque Martin Seligman se identifique como el padre de la psicología positivista actual, Aaron T. Beck era uno de los líderes principales de la revolución cognitiva dentro de la psicoterapia que alimenta el modus operandi de la psicología positivista. Él desarrolló un centro de investigaciones y tratamiento que comprobaba, empíricamente, la efectividad de la terapia cognitivo-conductual. Infinidad de otros estudios empíricos también la validan.[47]

La visión de la psicología positivista sobre el amor como salvación, propone que tú

47   Ver por ejemplo este trabajo que verifica la efectividad de esta modalidad a nivel global: Komariah, M., Amirah, S., Faisal, E. G., Prayogo, S. A., Maulana, S., Platini, H., ... & Arifin, H. (2022, June). Efficacy of Internet-Based Cognitive Behavioral Therapy for Depression and Anxiety among Global Population during the COVID-19 Pandemic: A Systematic Review and Meta-Analysis of a Randomized Controlled Trial Study. In *Healthcare* (Vol. 10, No. 7, p. 1224). MDPI.

te mereces la felicidad y que amar a quien tú quieras es parte de esa autorrealización como persona. Si no puedes, debes identificar qué pensamientos aceptados como ciertos están afectando tu percepción de la realidad. Esto te salva de permanecer en una relación obligatoria que te puede asfixiar de infelicidad o, peor aún, limitar tu potencial. El "verdadero amor", te salva de vivir cumpliendo las expectativas de otros; también te salva del tedio de la vida y te da un propósito, te llena de felicidad, lo cual te permite florecer. No importa si esta relación no dura para siempre; fue importante en una etapa de tu vida y puedes aprender de esa experiencia, avanzar, y más adelante encontrarás a otra persona a quien puedas amar. Será distinto, pero lo importante es que encuentres la felicidad en esa relación. Mientras tanto, si te sientes deprimido por la pérdida, la terapia te puede dar estrategias para hacerle frente a tu situación y conquistar las emociones negativas que estás enfrentando. Solo debes cambiar tus pensamientos distorsionados. La realidad es siempre positiva. Este es el evangelio de la psicología positivista.

Dentro de esta conceptualización, es posible hallar al amor de tu vida, tu alma gemela. Mi amigo, Neil Clark Warren, escribió un libro con ese título: *Cómo hallar el amor de tu vida.*[48] Cuando fue

---

48 | Warren, N. C. (1994). *Cómo hallar el amor de*

publicado en inglés, capturó la atención de nada más y nada menos, que Oprah Winfrey, quien lo invitó a su programa. El libro se convirtió en un éxito y Neil se dio cuenta de que tocó el pulso de la cultura. Como psicólogo, él no se conformó con el éxito de su libro, sino que investigó a fondo sus premisas. ¿Qué elementos facilitan una relación duradera? Ni corto ni perezoso, desarrolló un programa de investigación sobre características de personalidad y dimensiones de compatibilidad de matrimonios exitosos. Luego las encapsuló en un algoritmo y en 1999, desarrolló una página web que el mundo llegó a conocer como EHarmony. El resto es historia, como dicen.

El hecho de que EHarmony se vendiera años más tarde por 100 millones de dólares, no solo es un éxito empresarial, sino que nos dice montones acerca del valor que la cultura le da al amor, la idea de la felicidad y la autorrealización que se alcanza cuando se encuentra al amor de la vida. Todo lo que nos acerque a la felicidad vende mucho, y el amor (tanto como el sexo), son rubros de gran enfoque, sobre todo cuando se ofrecen fórmulas simples.

En una sociedad que otorga tanto valor a la felicidad, el amor resulta ser un elemento vital de bienestar y florecimiento. Esto no le

tu vida: Diez principios para escoger u cónyuge adecuado.
Unilit.

quita importancia al impacto de la tecnología, la globalización y el cambio climático, como factores creadores de gran ansiedad en el contexto de la cuarta revolución industrial, pero la respuesta salvífica de la psicología es individual. Controla lo que puedes, es el lema positivista, y al igual que Frankl (el progenitor de la logoterapia), la idea es transformar todo nuestro sufrimiento en resiliencia y felicidad. La felicidad está en enfocarse en el "otro," en el ser amado, pues esto da significado y trascendencia. Como dice el psicólogo positivista Paul Wong: *En el corazón de la autotrascendencia está el amor por los demás... Sí, el amor es el único camino a nuestra salvación.*[49]

Este sigue siendo un abordaje humanista y existencial. La salvación se da como la ausencia de la ansiedad, o sea, la presencia de la felicidad. Pero lo más importante es que esta salvación resulta de una decisión propia, de una forma de pensar, de un cambio pragmático en los mensajes mentales que decido aceptar como reflejo de mi situación y como metas de mi condición. Yo puedo pensar positivamente y ser feliz, sobre todo si escojo amar y ser amado.

49   Paul T. P. Wong (2020) Existential positive psychology and integrative meaning therapy, *International Review of Psychiatry*, 32:7-8, 565-578, DOI: 10.1080/09540261.2020.1814703

El amor como salvación—abordaje teológico.

El abordaje teológico sobre el amor como salvación tiene varios matices. Primero, involucra trascendencia; es decir, tiene que ver con significado télico (propósito final para el que vivimos). En este sentido, se asemeja a los dos abordajes arriba discutidos, pero también difiere significativamente de ellos. Segundo, no depende de nuestras emociones y nuestra experiencia, sino que proviene de un ser trascendente cuya intención explícita es mantener una relación personal con nosotros. Tercero, como nuestros corazones no están completos ni felices en su búsqueda de trascendencia hasta tener esa relación con un ser trascendente, debe haber una iniciativa que elimine la grieta entre nuestra condición humana y la realidad espiritual de Dios, que satisfaga realmente nuestras necesidades más profundas. Ese paso no empieza con un argumento, una teoría, ni una postulación; no es una idea, ni tampoco una disertación filosófica. El paso de acercamiento de un Dios interesado en la expresión máxima de Su creación —el ser humano—, comienza precisamente con una Persona: la Persona de Jesucristo, quien demuestra Su amor transformacional a través de un sacrificio sustitutivo.

Este abordaje teológico resulta

extremadamente ofensivo para muchas personas que no conciben la idea de la muerte cruenta en una cruz como una expresión de amor, y mucho menos, como una forma racional de traernos salvación. Por ello, amerita ser expuesto de manera clara; el Evangelio de Cristo Jesús, el Evangelio de salvación, tiene como fundamento racional la siguiente proposición: solo Dios puede salvar. No voy a redundar sobre el amor de Dios, presentado elocuentemente por el Dr. Cassese en los siguientes capítulos, pero si vamos a discutir sobre el amor como salvación a nivel teológico, es menester indagar sobre las premisas de este abordaje.

¿Cómo es eso de que sólo Dios puede salvar? La tradición cristiana dice que Dios es conocible, perceptible y experimentable (o sea, Dios es inmanente), porque como Creador del universo y todo lo que existe, Él anhela relacionarse con el ser humano. Dios no necesita esa relación, pero la desea y la busca porque ama al ser humano; me ama a mí. Por mi parte, yo necesito esa relación con un Dios inmanente para encontrar trascendencia. San Agustín de Hipona lo puso de esta manera: «Tú nos has creado para ti, y nuestros corazones están inquietos hasta que hallan descanso en ti.»[50]

50   Augustine of Hippo. (1886). The Confessions of St. Augustin. En P. Schaff (Ed.), J. G. Pilkington (Trad.), *The Confessions and Letters of St. Augustin with a Sketch of His Life and Work* (Vol. 1, p. 45). Buffalo, NY: Christian Literature Company.

En sus *Confesiones,* Agustín nos recuerda que muchas otras cosas, "otros amores" y pasiones, compiten con esta relación primaria.

El ser humano está siempre buscando formas de salvarse a sí mismo sin tener que depender de Dios (v.g., humanismo, estoicismo, existencialismo, espiritualidad, psicoanálisis, tecnología, ciencia, etc.). En otras palabras, ya sea por pasiones que compiten contra una relación con Dios, o por la necesidad de controlar su propio destino, el ser humano está alejado, separado, alienado de Dios. El Evangelio identifica este estado de alienación como pecado. Es decir, que el ser humano no tiene la inclinación natural de mantener una relación con Dios, a menos que necesite algo.

Pero Dios sí quiere mantener una relación con nosotros, y como Él no necesita nada, porque existe por sí mismo sin depender de nada o de nadie (atributo de aseidad), Él decide tomar el paso de relacionarse con nosotros, sólo por amor, porque Él nos ama. Este es otro atributo que define Su carácter y Su ser (*Dios es amor*).

Siendo amoroso, Dios también es justo. Su justicia demanda un pago por la falta humana que nos lleva irremediablemente a estar lejos de Dios: el pecado. Pero no hay buena conducta, ni esfuerzos humanos (sacrificios personales o actos piadosos, por ejemplo), que satisfagan la justicia de Dios, que le agraden. Como dice la Escritura, *el precio del pecado es muerte.* (Romanos 6:23). Si el ser humano quiere acercarse a Dios por su cuenta, queda corto (*Todos pecaron y están lejos de la gloria de Dios.* Romanos 3:23, LBLA). El estado de la condición humana es tal, que necesita a Dios, pero no puede por sus propios méritos. Dios ama a la humanidad, pero por ser justo, no puede ignorar el costo del pecado. El ser humano necesita salvación, pero sólo Dios puede salvarlo.

Es en ese espacio en el que Dios toma la iniciativa (todo contacto entre Dios y el ser humano, es siempre la iniciativa de Dios), para restablecer la relación con el hombre. Esta vez, no es a través de una serie de leyes, estatutos y preceptos, sino de la persona de Jesús, el Hijo de Dios. Él es Dios hecho hombre, y en esa característica de su persona que integra estas dos naturalezas, se encuentra la respuesta de Dios para restablecer su relación con la humanidad. *De tal manera amó a Dios al mundo, que dio a su único hijo, para que todo aquel que en él crea, no se pierda, sino que tenga vida eterna.* (Juan 3:16).

Jesús—nos dice el evangelio—, vivió una vida que agradó a Dios y murió la muerte que satisfizo la justicia de Dios. En la cruz, Jesús paga el precio del pecado que separa al ser humano de Dios, y es abandonado por Dios para cargar sobre sí el peso agobiante de nuestro pecado.

En este acto de sacrificio sustitutivo, ocurre el hito cósmico que nos lleva a una nueva era en la relación de Dios con la humanidad. Porque Jesús no solo murió, sino que resucitó, y así conquistó la muerte misma. Dios restaura, en Jesús, la condición humana a su estado inicial. (*Porque así como en Adán todos mueren, así también en Cristo todos serán vivificados.* 1 Corintios 15:22 RVA). Si ahora yo entiendo que Dios me ama tanto que quiere tener una relación profunda conmigo y que ha demostrado su amor, no con ideas, sino solventando la bancarrota de mi vida espiritual, y acepto, creyendo, que eso es una realidad disponible para mí, estoy aceptando el Evangelio de salvación. Acepto que la manera de tener esa relación con Dios no depende de mí, sino de lo que Cristo hizo en la cruz, porque solo la muerte de Cristo en la cruz es suficiente y necesaria para normalizar mi relación con el Creador del universo. O sea, si acepto lo que Cristo hizo, creyendo que es el regalo de Dios para mí, soy salvo. El sacrificio sustitutivo de Dios a favor de la humanidad, a mi favor, son realmente buenas noticias.

Al aceptar el amor de Dios en Cristo Jesús, acepto la realidad del plan de Dios para mi vida, que es estar en relación con Él. Estando en relación con Él, descubro el significado y trascendencia de mi vida, sirviendo a los demás, esparciendo Su amor. Esto no me libra de conflictos potenciales con mi pareja o seres queridos. Tampoco me garantiza la felicidad permanente. Pero me llena de paz y gozo al entender mi propósito en el esquema grande de la existencia que empieza con el amor de Dios en mi vida, y continúa con el amor al prójimo. Mis acciones éticas, mi conducta de cuidado o apego, no las hago para ganar el cielo, sino porque como ya la vida eterna es una realidad y mi vida presente tiene significado, el enfoque télico de mi realidad presente se concretiza cuando puedo amar a Dios con todas mis fuerzas, con toda mi mente, con toda mi alma, con todo mi corazón, y cuando puedo amar al prójimo como a mí mismo (Lucas 10:27). Es decir, cuando puedo amar porque soy amado.

PARTE II
Giacomo Cassese, PhD

Capítulo 4

El verdadero amor

Amar es la acción más importante que Dios ejecuta; sin *amar* no existiría nada. Toda la suma teológica del Antiguo y Nuevo Testamento se resume en esto: "Dios nos ama y quiere que amemos." Parte integral del ADN cristiano es el amor; el cristianismo es la práctica activa del amor divino por parte de los seres humanos. No se puede ser cristiano sin amar como Dios ama.

Es importante puntualizar, desde el comienzo de este estudio, que el amor tiene un solo origen, y ese origen es divino. Los llamados amores humanos, por lo tanto, son pasiones sobresalientes que engendran igualmente acciones sobresalientes y, aun así, están cargados de defectos e inclinaciones contradictorias. Podríamos resumirlo diciendo que el humano es el ser que ama, pero incluso a lo que ama, destruye. En ese sentido, los amores humanos son una copia defectuosa del amor divino. C.S. Lewis llega incluso a decir que el amor humano puede surgir como remplazo de Dios mismo: *"... comienza a ser un demonio en el momento que comienza a ser un dios"* (Lewis, 1960:10). El amor de los humanos es una emoción glorificada, un sentimiento deificado y, por lo tanto, es un demonio en toda regla, que hace creer que Dios está presente y envuelto en esa forma de amar. En mi libro "Amar y nada más", abordo la larga lista de patologías del amor humano, algo que aquí no podré desarrollar.

Aunque en lengua castellana solo utilizamos una palabra (amor), para referirnos tanto al amor divino como al humano, en griego existen varios vocablos que permiten distinguir el tipo de amor, según el uso y las relaciones en las que se practica: La palabra *epithymia*, por ejemplo, se refiere al impulso instintivo del deseo sexual. La palabra *eros* se refiere al amor de pareja; *storge,* al amor entre miembros de una misma familia (unidos consanguíneamente); *philia* define al amor de la amistad. Finalmente, la palabra griega Ágape, se reserva para describir el amor como Dios ama y, por ello, describe también el tipo de relación en la que Dios interactúa con el ser humano.

Dios es Ágape

Hay una enorme diferencia entre decir *"Dios es amor"* y decir *"amor es Dios"* (esta última expresión fue utilizada repetidas veces por Gandhi). Si el amor se predica como "sujeto" y no como esencia del Dios de la Biblia, amar podría entenderse igualmente como un acto independiente de Dios y auto cualificado. Esto quiere decir que el acto de cualquier tipo de amor, podría ser elevado por sí mismo al rango de lo "divino," pero no ya como expresión de la naturaleza y el carácter del Dios de la Biblia, sino como expresión humana ahora exaltada, deificada y, en consecuencia, indebidamente apropiada.

El amor verdadero es únicamente aquello que deriva de Dios mismo, no la imitación de lo que Él hace *(simil Deus laburo)*. La sociedad occidental se ha cimentado sobre una desproporción no solo semántica, del término *amor*, sino también ética. Por lo tanto, este amor humano llega a ser, en la práctica, la antítesis del amor divino. Sin el amor divino, trascendente y ajeno a la naturaleza humana, el amor de los humanos no tiene una referencia clara para su puesta en práctica. Lo que el ser humano llama amor, entonces, no es más que un evaporado sentimiento idealizado, una intención errática por otro ser, arrastrada por deseos volubles, inconstantes. En fin, el amor humano por sí solo, está estrictamente vinculado a la voluptuosidad. Así que, sin el *"amor de Dios"*, el acto de amar es un asunto enteramente terrenal y de carácter ontológico (que reside en el propio ser), carente de toda posibilidad trascendente y Divina. Esta aproximación a la idea de *amar*, la descarta como virtud sobrenatural, la trivializa y la reduce a un mero instinto o estado de ánimo. Es evidente que esta concepción antropocéntrica del amor, no se corresponde con la idea bíblica.

El Nuevo Testamento nos lleva a entender estos presupuestos teológicos de manera inequívoca; dice: *"Dios es amor"*. La expresión describe quién es Dios en Su esencia, y Dios, en el contexto del Nuevo Testamento, es el Dios de la Escritura, conocido únicamente en la Persona de Jesucristo. Además, el Nuevo Testamento fue escrito originalmente en griego, lo cual permitió la elección de la palabra Ágape por encima de todas las otras posibles. *Dios es Ágape,* significa que este tipo de amor específico (sobrenatural), es la esencia de quién es Dios, y solamente de Él puede proceder. Así como la vida espiritual (*zoé*), solo viene de Dios (*zoe aionio = vida eterna*), así mismo el amor verdadero y eterno únicamente puede venir de Dios. De manera que, al decir que *"Dios es amor"*, expresamos la esencia de Dios como fuente única del supremo bien. Más al declarar, *"amor es Dios",* estamos afirmando la visión típicamente panteísta de que el bien ya reposa en la esencia humana, lo cual lo constituye como ser divino. Esta afirmación es, obviamente, incompatible con el Ágape.

Otro asunto a considerar es que el Ágape define una realidad que, por ser Divina, es eterna y, por ser eterna, es absoluta. Dios y el amor que de Él proviene, es absoluto, porque no puede ser elevado de perfección, sino que es, en sí mismo, el estado perfecto de algo. Lo eterno denota, no solo perpetuidad, sino calidad suprema que se toma por normativa de lo terrenal y limitado. El amor humano es un amor limitado que debe ser normado; el divino es, siempre, la norma.

El amor de Dios es Divino y no humano, Eterno y no temporal. El Ágape es la acción o trato dado por Dios a otra persona para edificarla o, cabría decir, para humanizarla (hacerla más humana), para personalizarla (hacerla más persona), para dignificarla (tratarla como semejanza de Dios). La acción de amar es la única acción que revierte los efectos del pecado original (anomia). Por eso, amar es la acción contraria al mal; amar es el supremo bien impartido al otro en un encuentro. Dios busca deliberadamente encontrarse con nosotros para hacernos bien, para edificarnos. El Ágape es amor incondicional, no necesita una motivación ajena a la persona. Ser persona es todo lo que se necesita ser, para ser objeto del amor divino. Dios nos amó cuando éramos sus enemigos y nos amaría aún sin ser correspondido (Romanos 5:8-10; 2 Corintios 12:15). El Ágape no tiene traza de mezquindad ni de egoísmo, las cuales son características principales de los amores humanos. Esto implica que el amor divino es puro, no está mezclado con aditivos humanos; en otras palabras, no sucumbe a las tendencias, inclinaciones y motivaciones ulteriores. Todos los amores que tienen su origen en el ser humano, esconden motivos ajenos a la acción de amar, buscan lo suyo propio y siempre esperan algo en retribución. Ese amor contaminado tiene siempre la tendencia a utilizar a la persona a la que dice amar, para su propio beneficio o placer. El amor de verdad *"no busca lo suyo"* (1 Corintios 13:4-7).

Amor y semejanza

Dios creó al hombre a su imagen y semejanza, y es evidente que el amor es el rasgo más semejante a Dios, al punto que Dios mismo *"es amor"*. Sin duda Dios, al crear al ser humano, debió dotarlo con todas las condiciones y facultades para poder amar. De esta manera, se puede afirmar que el ser humano, antes de la caída, era un ser "amoroso", un ser que manifestaba la esencia misma de Dios: Su imagen y semejanza. Las condiciones para amar son, el existir como persona, ser libre y vivir en una relación con Dios y Su voluntad. Sin estas tres condiciones, no se puede amar. Adán y Eva las poseían todas: eran personas, porque el amor solo surge entre personas; de lo contrario, sería imposible amar a Dios y al prójimo. Adán y Eva tenían libertad, porque el amar es un acto libre, es decir, que no es ni instintivo ni programado, ya que el ser humano no es, ni un animal, ni una máquina. La libertad es una condición necesaria, porque el amor no puede tener otra motivación o causa que la del objeto mismo de la acción de amar. Amar hace de su objeto un fin en sí mismo, y esto solo puede ser garantizado cuando se es completamente libre para hacerlo. Esto explica por qué el hombre tenía que ser creado para existir como un ser libre, aunque no independiente. Dios no creó un autómata, ni un humanoide, sino una criatura completamente libre. Sin libertad, el ser humano no puede amar, ni adorar.

El amor también requiere como condición, conocer al amor o vivir en relación con él. Dios es la única fuente de amor; quien no conoce a Dios todavía no conoce lo que es el amor y lo que éste implica. Conocer a Dios (al amor), era la única referencia moral y ética que el ser humano necesitaba; todo lo conocía a partir del supremo bien: el amor. La única posibilidad de una relación con Dios, es una relación "con" el amor "en" el amor. Dios es amor; por eso, en el plano de lo divino, toda relación es, esencialmente, un encuentro "de" amor.

Encontrarnos con el amor como el encuentro de dos personas, elimina la posibilidad del amor como un "sentimiento" y, a su vez, reafirma la concepción bíblica del amor como la participación de una naturaleza sobrenatural y divina: El Espíritu Santo. Para el creyente, el amor no es algo evanescente que siente bajo ciertas condiciones, sino algo que él mismo es: su segunda naturaleza a través del Espíritu Santo.

Ahora bien, estas condiciones estrictamente necesarias para amar, nos advierten por sí solas de la esencia del pecado y sus consecuencias. El pecado es, en realidad, el estado de improbabilidad del amor divino; el pecado es un inhibidor y, más aún, un supresor de la capacidad de amar con la que el ser humano fue creado. Sus implicaciones inmediatas son la destrucción del ser como persona, y de su libertad original, así como también, el impedimento a una relación libre y personal con el amor (Dios).

El amar es un acto de una persona que ha quedado libre por causa de su relación con Dios y, al reconciliarse con Él, está capacitada por Su Espíritu para hacer lo que Dios hace. Entonces, el amor ha logrado recobrar el propósito de ser persona, el uso de su "libre albedrío" y el relacionamiento o reciprocidad con Dios. Por ser persona, se trata de un acto personal; por ser libre, es un acto decidido de la voluntad y, por ser la expresión de una relación con Dios, es una realidad infusa y divina al interior del creyente. En *amar*, Dios y el ser humano están siempre juntos. Para decirlo de otra manera, nuestro *amar* es el amar de Dios por medio de nosotros. La encarnación fue su mediación histórica para amarnos (Juan 3:16), mas ahora, su amor se transmite a través de nosotros para seguir expresándole ese amor al ser humano.

Hemos hablado de las condiciones elementales para que el amor se manifieste. Hablaremos ahora de las facultades internas que debían estar presentes en el ser humano para poder manifestar el amor: nos referimos a la imagen y semejanza de Dios en el ser humano (Imago Dei). Lo único que nos indica que el ser humano era un ser especial en relación a Dios y al resto del mundo creado, es que Dios había soplado sobre él su *"aliento de vida"* (Génesis 2:7) y fue así como se convirtió en *"ser viviente."* Es a partir de este texto que comenzamos a comprender la imagen y semejanza de Dios en el ser humano. Este acto de crear a la imagen, se da en el contexto de una posible relación entre Dios y su criatura. Había algo que Adán necesitaba recibir de parte de Dios que aseguraría la deseada relación. Ya dijimos que como condición hipotética tenía que ser una persona libre unida en una relación con Dios, pero la facultad natural, esencial e innata, que lo habilitaba para amar, eso que lo capacitaba, era el Espíritu de Dios que le había sido compartido a Adán. De no ser así, las condiciones por sí mismas no habrían dado resultado. Dios vive únicamente en relacionamiento de amor; ese es el ecosistema de la Santísima Trinidad y, por eso, Dios no podía crear a un ser con quien pensaba relacionarse, sin dotarlo desde el principio con la facultad de participar dentro de su ecosistema. Para decirlo de forma muy sencilla, la imagen y semejanza era algo extraño al ser humano, añadido por Dios, y que lo habilitaba para la más suprema y divina de las relaciones: amar.

Hay dos asuntos que no podemos pasar por alto: Adán y Eva, al recibir de Dios el aliento de vida (el Espíritu Santo), no solo quedaban habilitados para amar (a Dios y al prójimo), sino que recibieron con el Espíritu insuflado en ellos, el estatus de hijos de Dios. Esto revela el plan eterno de Dios de crear al ser humano para participar de una relación divina y ser parte integral de su familia: Adán fue creado para ser *"hijo de Dios"* (Lucas 3:38). Lo otro que nos es revelado por medio de este texto, es que el status de hijo de Dios está siempre confirmado por la presencia del Espíritu "en" la persona. Esto tiene perfecto sentido con la enseñanza del Nuevo Testamento (Romanos 8). De hecho, el Espíritu Santo solo viene a residir en aquellos a quienes Dios adopta como hijos (v. 15), a los tales les da testimonio de su nueva identidad: *"el Espíritu mismo le asegura a nuestro espíritu que somos hijos de Dios"* (v. 16).

Tengo la impresión de que la imagen y la semejanza de Dios en Adán y Eva, no trataba de órganos adicionales o facultades biológicas, sino más bien de capacidades relacionales conducentes al propósito para el cual Dios había creado al ser humano. Estas "facultades relacionales" estaban conectadas directamente a la identidad (de hijo), que por obra del Espíritu Santo reposaba en Adán y Eva. En otras palabras, si estaban creados para ser hijos, tenían que poder operar como lo que eran: participar del gran relacionamiento de amor que es Dios. Lo que Adán y Eva perdieron en la caída, fue el status y la respectiva identidad de hijos de Dios: el Espíritu Santo se retiró de ellos. Esto explica que el Espíritu de Dios no repose al interior de la vida de los creyentes hasta llegado el cumplimiento del nuevo pacto (Jeremías 31 y Hechos 2), el día de Pentecostés.

La teología del Nuevo Testamento nos permite ver en qué consistían esas "facultades relacionales", llamadas de esta manera para resaltar que eran habilidades dadas por Dios para darle expresión concreta al amor, por medio del Espíritu que residía al interior del ser humano, pues solo en el ejercicio concreto del amor se podía revelar la identidad de hijos que reposaba sobre los primeros humanos. Al ser impartido (soplado de nuevo) el Espíritu, como señal de identidad del adoptado (el ADN Divino), El Nuevo Testamento nos muestra la manifestación del "fruto del Espíritu" en la vida de los hijos de Dios. No se le llama el "fruto del creyente," sino el "fruto del Espíritu". Esto nos recuerda el origen de nuestra nueva identidad y, además, el propósito implícito de Su presencia en nosotros: manifestarse, dar fruto de amor. El fruto del Espíritu es uno (singular) y se trata del amor (Ágape): "el fruto del Espíritu es amor" (Gálatas 5:22). La manera como pienso que este texto debe ser leído en respeto a su propia evidencia semántica, es así: "el fruto del espíritu es amor: alegría, paz, paciencia, amabilidad, bondad, fidelidad, humildad y dominio propio…" De esta manera el fruto es uno (el Ágape), y lo restante son las expresiones que engendra o incluye el amor. Es precisamente a eso a lo que llamo las "facultades relacionales."

Se debe notar que esas virtudes o facultades divinas se pueden aplicar solamente dentro de relaciones interpersonales. Son relacionales, porque por medio del Espíritu Santo, el hijo de Dios manifiesta el amor divino en relaciones humanas, que ahora son elevadas a un plano sobrenatural porque, aunque siguen siendo cotidianas, son vividas por la manifestación del Espíritu Santo. En este sentido, el hijo de Dios (el que tiene en sí Su Espíritu), es "el ser que da frutos", es el ser por medio del cual Dios da a conocer Su carácter, es decir, Su amor. Queda claro de esta manera, que la manifestación Divina de Su amor es la garantía de relaciones interpersonales saludables. El relacionamiento depende directa e inevitablemente, de la actividad del Espíritu Santo en la vida del creyente (los hijos).

El propósito eterno de la vida

Los hijos son los elegidos para amar; Dios ama por medio de ellos. Cristo está presente en el mundo en tanto que, por medio de los hijos, el Espíritu manifieste Su amor. Adán y Eva eran hijos amados para amar, debían poseer las condiciones y la cualidad (ontológica) para amar (el Espíritu Santo). Cabe preguntarnos entonces, ¿Cuál era el propósito de la vida humana en el Edén? Se puede deducir, a partir de una lectura del texto, que el ser humano existía como ser viviente para: a) Vivir en comunión con Dios; b) Comprender y obedecer la voluntad de Dios y, c) Representar a Dios ante el mundo creado por Él.

Ahora bien, estas tres acciones no son, en sí mismas, fines últimos, pues debemos recordar que el ser humano era persona libre, relacionada voluntariamente con Dios y, si Dios era Padre para ellos como hemos afirmado, la única forma de justificar estos propósitos era dentro de una relación sin motivos teleológicos. Lo que trato de decir es que, en la relación Padre-hijos, no podía existir otro propósito, interés o motivación, fuera de la persona en sí misma. En otras palabras, el propósito de la vida creada por Dios tenía que estar basada únicamente en "la inmediatez" entre las partes, solo posible en una relación agápica. El amor Ágape, es el único amor que hace del otro, "el fin en sí mismo", el fin último o absoluto. Esto sería lo mismo que decir que, cuando se ama con este amor, no se precisa de propósitos; la acción no necesita ser validada o justificada. En amar a Dios está ya presente el propósito de toda acción humana, de tal manera que esos tres grandes propósitos de vida (intimidad, obediencia, y representación), solo pueden cumplirse en el acto de amar, pero ese amor sería evanescente, abstracto e intangible, si no se declarara la acción implicada en esos tres propósitos. Así que, de alguna manera, la acción de pecar es entendida como un "despropósito", pero a su vez, la acción de amar es el único propósito en el que, además, están implícitos los demás propósitos. Únicamente así, el corazón humano puede permanecer íntegro, ya que no pide de Dios nada para sí mismo, sino que lo busca a Él: todas sus otras acciones, son las implicaciones de ese amor. Solo el amor es capaz de conmutar todo otro propósito.

El ser humano separado de Dios es esclavo de sí mismo y de sus propios deseos; vive en un estado de subhumanidad. El pecado lo ha degradado al robarle su estatus y su identidad de hijo, por lo cual quedó apartado de su propósito absoluto y eterno. Esa subhumanidad en la que ahora vive, es el estado de imposibilidad de amar como Dios ama. Su ser ha perdido su capacidad más elevada como persona (la capacidad de amar). La utilidad real de su libertad también se ha perdido, y su condición actual es un estado de separación de su Padre espiritual. De esta manera, el ser humano ha llegado a la erosión de su propia existencia: la subhumanidad. En su interpretación de la condición humana, el existencialismo moderno ha descubierto la categoría del "no-ser," o la "nada" aniquiladora del filósofo Heidegger. Esto conlleva al planteamiento en el que el *no-ser* como realidad colectiva, ha reemplazado al *ser*, "confiriendo a este último una posibilidad y un poder que contradice la significación inmediata de la palabra "no-ser" (Tillich, 1982, I- 244).

Este retrato que los existencialistas hacen de la raza humana absorbida por su propia "finitud," es una lectura desesperanzada de la realidad. Es normal que así sea para un ser que se ha eximido de lo trascendente y que se ve rodeado, únicamente, de cosas que terminan por cosificarlo. Ese concepto del ser como el "no-ser" o "la nada", es decir, el despojo de su valor real e intrínseco, también lo encontramos en el lenguaje del Nuevo Testamento, pero vinculado a *la no* práctica del amor. En repetidas ocasiones, Pablo utiliza la expresión "no soy nada", que procede del vocablo "audeis", y se traduce como *nada* o *nadie*. Cada vez que Pablo lo utiliza en el Capítulo 13 de su carta a los Corintios, se refiere a una persona que está impedida de amar por no encontrarse en él el Amor Divino ("pero me falta el amor"). Sus buenas intenciones, grandes esfuerzos y acciones piadosas, son presentadas por Pablo como insuficientes, porque aun todo eso trasluce la búsqueda de lo propio y el egoísmo humano. Para el apóstol, el no poder manifestar el amor de Dios por medio de su vida, convierte irremediablemente a la persona en un ser inútil, incapaz de comunicar lo divino y lo trascendente. Según el Nuevo Testamento esta categoría de subhumanidad, de nada, o de no ser, es la imposibilidad de amar como Dios ama. Así que se puede decir que mientras el ser humano no sea expresión viva y dinámica del amor divino, su existencia no está justificada, ha rechazado entrar en su propósito verdadero y eterno. La nada es la actividad humana ajena al propósito de Dios, es empeñarse en vivir sin el horizonte eterno, y robarle su significado, quedándose únicamente con lo temporal e inmediato. Cuando el ser humano le cierra la puerta a la posibilidad de Dios dentro de su ecuación de vida, opta por "la nada," por lo baladí, lo pueril, lo intrascendente e irrelevante, porque *la nada* es aquello que no es de utilidad para que el glorioso amor de Dios se manifieste en la historia humana. Persistir en vivir en un estado de subhumanidad, es persistir en vivir sin futuro, porque solo el amor jamás se extingue; solo el amor es para siempre; solo el amor está en el futuro. El existencialismo es la vida asumida como entrampada en la propia vida (existencia), como una realidad hermética y disociada de lo infinito y de lo divino. Es a esto precisamente, a lo que el Eclesiastés llama: "vanidad de vanidades"; el absurdo de vivir por vivir.

La posibilidad de alcanzar nuestro verdadero ser -o como decía C.S. Lewis, de "tener rostro"-, solo es realizable "en" y "por" amor. Únicamente aquello a lo que Dios ama, es dignificable, redimible, santificable y poseedor de futuro. Dios ha amado de tal manera al mundo, como única forma de que podamos salir de la nada y llegar a ser alguien. El estado de pecado es degradación a la nada, es anonimato, es el despropósito de ser. El amor de Dios sobre el ser humano, es la validación del ser y la negación del no-ser y de la nada. Cuando el ser humano recibe el amor de Dios en su vida, logra saberse amado de verdad, y recupera su identidad de hijo y persona libre.

Capítulo 5

El cristianismo como nueva manera de relacionarnos

Si asumimos que el cristianismo es una religión, lo condenamos a la autodestrucción, lo condenamos al mundo de las falacias, de las rutilantes ilusiones y de los anestésicos para las maltratadas conciencias. El cristianismo—es decir, el bíblico—, no es una religión, sino una propuesta de vida modificada sobrenaturalmente: una nueva manera de vivir. El cristianismo no puede ser explicado sino a la luz del Reino de Dios, el cual es el gobierno que Dios ejerce sobre Sus hijos; de ahí que el cristianismo es el reducto de personas que han determinado vivir bajo el Señorío de Jesucristo. A los seguidores de Jesucristo se les denomina, en el lenguaje de los Evangelios, "los hijos del Reino". Ellos son la comunidad kyriológica.

El cristianismo es la manera en que vive quien es una nueva criatura; es vivir anticipadamente la vida del Reino. El cristianismo no es religión, sino la vida bajo la autoridad de Cristo, es la existencia según el Reino de Dios. El Reino de Dios es, en esencia, comunión y comunidad, es el conjunto de relaciones perfectas, el verdadero paradigma de vida. Todo lo que proviene del Espíritu Santo es una representación viva del Reino de Dios en la vida del creyente. Es por eso que el relacionamiento que genera el amor divino, es el modo según el cual se organiza y opera el cristianismo.

Como se puede ver, el amor provee la manera de articular la vida del Reino en la tierra (modus operandi). Esto quiere decir que, sin el amor divino, cualquier aspiración a encarnar la dinámica del Reino al interior de la iglesia, es imposible. Sin el Ágape, la vida del Reino es intangible, permanece insustancial. Se podría decir que el Ágape es la materia prima en el Reino de los cielos; todo se construye a partir de ella.

Las relaciones según el Reino de Dios

El Reino es la dimensión de lo nuevo y de lo perfecto; todo en el Reino es de carácter absoluto. Por eso, el Reino de Dios es el paradigma que puede normar la vida de los hijos de Dios, quienes fueron redimidos para participar activamente de ese Reino desde el aquí y el ahora. Lo que llamamos "el relacionamiento", es la dinámica interpersonal según los principios de vida en el Reino. El relacionamiento está basado sobre tres realidades divinas: la verdad, la fe, y el amor.

El amor, la verdad, y la fe

Cuando el amor eterno edificante del que habla la Biblia es contrastado con el amor que promueven Hollywood y las redes sociales, detectamos un conflicto con la verdad. El amor humano se ha degenerado al punto de que se trata de una enfermedad, un terrible mal al que se le tiene por bien. Este trastorno o patología colectiva al que se le llama amor, es falso, porque no se corresponde con la verdad, y la verdad es la única manera de conocer la realidad, lo que es real. La locura es el resultado de perder contacto con la realidad, y eso sucede cuando la verdad sucumbe y, en su lugar, queda la mentira o un conocimiento falseado. El amor solo podría sustanciarse en lo verdadero, en el conocimiento objetivo de la realidad. La cosmovisión cristiana sostiene que la realidad únicamente puede ser conocida concretamente en la Persona de Jesucristo. Sólo Jesucristo, quien es tan hombre como es Dios, puede explicar quién es en realidad el ser humano y quién es Dios. Únicamente a partir de esas certezas, se puede interpretar correctamente la realidad. Así que, para el cristianismo, Jesucristo es la verdad, y solo a partir de Él podemos explicarlo todo.

La premisa cristiana de la verdad como realidad encarnada y existente en una Persona (Cristo), es la única manera de explicar y transformar a la persona humana, y la única manera objetiva de entender la verdad y darle aplicación. Para el cristianismo, la verdad no es una idea abstracta indescifrable, sino concretamente una Persona que vivió perfectamente, tanto en carácter como en acciones, quien es la referencia para saber si mi manera de vivir es consistente con la verdad o es falsa. Sin la verdad como realidad encarnada y que existe objetivamente fuera de mí, sería imposible tener una categoría fija referencial de lo que es bueno y, por consecuencia, de lo que es malo. Si la verdad se tratara de un concepto o idea que envolviera el pensamiento abstracto de cada individuo que la interprete, dicha verdad se subjetivaría y, a la postre, se trivializaría. Es por eso que desde la cosmovisión cristiana, decir "amar de verdad", no significa una abstracción imprecisa de palabras etéreas que se difuminan en actos inaprensibles o intangibles. Decir "amar de verdad", para el cristiano, siempre significará "amar como Cristo amó". No hay nada más incierto y peligroso que el amor que no está arraigado a la verdad. La sociedad posmoderna ha desgastado a tal punto el concepto de la verdad, que la moralidad aceptada es nebulosa y permisiva. La línea que divide lo correcto de lo incorrecto, está desvaída, abriendo las puertas a la más honda de las confusiones. A tal grado de incongruencias y marasmo ha llegado la sociedad actual, que ya no se puede definir al hombre como el "homo sapiens" sino como el "homo confusum". Sin la verdad, no solo llegamos a la "sin razón" de la que hablaba Francis Schaeffer: llegamos al periodo en el cual, según la Escritura nos advierte, "se enfriará el amor de muchos" (Mateo 24:12).

Hay un solo Dios, Quien es la verdad; por tanto, solo Su amor es verdadero. Si Dios es la verdad, todo lo que deriva de Él es verdadero. Podemos decir enfáticamente que quien no conoce al Dios verdadero todavía no conoce el verdadero amor. El amor verdadero es el ejercido por Dios en la historia real, para comprarnos a costo de Su propia vida. Solo en la cruz del calvario podemos reconocer el amor más elevado, el magno amor, el amor supremo. "El amor crucis" es la expresión más elevada de amor; ese amor posee varias características que no pueden ser reproducidas.

A.- El conocimiento verdadero.

El amor de la cruz es el amor que surge de la verdad, y toda verdad es la fuente del verdadero conocimiento. Solo en la cruz se puede conocer a Dios (el Supremo Conocimiento), ya que en ella fuimos conocidos por Dios. La cruz es lugar de encuentro y, por lo tanto, de conocimiento. La cruz es el único lugar donde lo inmanente y lo trascendente se unen, para conocerse mutuamente. Ahí se encuentran, el conocimiento a priori y el a posteriori; lo teórico y lo empírico. Solo en la cruz confluye y se sintetiza el conocimiento verdadero. Solo en la cruz se puede encontrar el Redentor con el pecador. Únicamente en el acto supremo del Amor, Dios se atreve a conocer aquello que no conocía de la condición humana; en la cruz, Cristo se une a una realidad desconocida para Él. Dice Pablo: "al que no conoció pecado, hizo pecado por nosotros…" (2 Corintios 5:21). En la cruz, Dios nos conoció como somos; por eso, solo en la cruz le podemos conocer también en Su esencia: en Su amor. La cruz representa la más grande de las epistemologías, es el único lugar donde podemos encontrarnos, conocerlo y unirnos a Él. Sin la cruz, no hay acceso a Dios ni a Su amor.

Fuera del amor mostrado por Dios en la cruz, no podríamos comprender la dimensión gloriosa de Su infinito amor: Su carácter. El amor de Dios no es una afirmación retórica, ni una figura metafórica, como tampoco el uso hiperbólico del lenguaje teológico. El amor crucis es la maciza garantía de que Dios nos amó y nos ama; es la prueba de La Verdad. La cruz es, simultáneamente, el gran evento al interior de la historia humana y el más grande de todos los milagros. Únicamente en la cruz, se puede conocer lo más importante: quienes lo ignoran, todavía no comprenden nada. En la cruz conocemos, tanto el castigo justiciero de Dios, como Su gracia maravillosa; entendemos el alcance de la ley y el alcance del Evangelio.

El conocimiento que hemos experimentado al recibir el amor de Cristo, cambia radicalmente nuestra visión de la realidad en la que vivimos y nuestra percepción de los demás. Dice Pablo: "así que, de ahora en adelante, no conocemos a nadie según criterios meramente humanos. Aunque antes conocimos a Cristo de esta manera, ya no lo conocemos así." El apóstol nos asegura que somos "una nueva creación" y que "lo viejo ha pasado." (2 Corintios 5:16-17). Haber experimentado el amor de la cruz del cual Pablo habla en este texto, es el nuevo criterio para sopesar y comprender la realidad en la que vivimos y, sabernos amados, nos lleva a ver a los demás como necesitados de la misma experiencia de reconciliación: "El que ama es nacido de Dios y conoce a Dios." No hay ningún tipo de conocimiento que sea superior al del amor de Dios, pues conocer Su amor es conocerlo a Él. De no ser así, reduciríamos el amor Divino a una mera literatura hiperbólica o a una experiencia esotérica.

B.- La relación verdadera.

El amor de la cruz es la base para el verdadero conocimiento, tanto como para la nueva y verdadera manera de relacionarnos. Lo que nuestro Señor hizo por nosotros en la cruz se establece como la norma de las relaciones interpersonales para el cristiano. Todas las relaciones del creyente pasan por la cruz, porque ella es, ahora, la referencia y juez de la manera en que tratamos a nuestros semejantes. Dios nos amó en la cruz para hacernos justicia en contra del pecado, y por eso estamos obligados a amar con justicia a todos los demás. El principio de transferencia: "dad de gracia lo que recibisteis de gracia", es precisamente tomar la gracia como el modelo a seguir; la gracia es Cristo mismo al morir por amor en la cruz. El "dar de gracia", como principio de las nuevas relaciones, es actuar como lo hizo Él en la cruz, lo cual sería imposible de replicar sin la experiencia de la cruz ("…lo que recibisteis de gracia."). En otras palabras, la gracia, que es la manifestación concreta de Su amor a favor nuestro, es el método de la ética del creyente. Jesús mismo es, tanto la gracia (caris), como el amor encarnado. La "caridad" es el amor que encarnamos para comunicarle la gracia a otros.

La obra amorosa de Cristo en la cruz, se convierte en la norma ética del cristiano; la gracia que viene a reemplazar a la ley mosaica. Así que, la gracia es la nueva ley: "la ley de Cristo". Por eso, en su carta a los Gálatas, Pablo enseña: "ayúdense unos a otros a llevar sus cargas y así cumplirán la ley de Cristo" (Gálatas 6:2). La vida del discípulo es la vida de la cruz; sin la cruz no se puede vivir como discípulo, ni venir detrás del Señor. Jesús les enseñó que "si alguno quiere venir detrás de mí, niéguese a sí mismo, tome su cruz y sígame" (Mateo 16:24). "Negarnos", significa dejar nuestra propia voluntad egoísta y tomar la cruz; es aceptar hacer lo que Cristo hizo en ella, es decir, amar incondicionalmente al prójimo. No podemos hacer la voluntad de Dios sin prescindir primero de nuestra caprichosa voluntad. De lo contrario, seguiremos a Jesús remisos, resabiados y reticentes. La cruz no es un instrumento de tortura; el sacrificio de Cristo en la cruz fue perfecto y no necesita ser repetido. Entonces, las relaciones cristianas están basadas en el perdón y la gracia. Dios no requiere de la autoflagelación. Pablo plantea el vivir del cristiano después de experimentar el amor de la cruz, con estas palabras: "él murió por todos, para que los que vivan ya no vivan para sí…" (2 Corintios 5:15). Ser cristiano es ser para los demás; en el ejemplo de la cruz, el cristiano ha aprendido a dar un trato de amor a sus semejantes. Ahora trata como él mismo fue tratado en la cruz. Esa es la base de las nuevas relaciones.

A manera de conclusión, podemos decir que el amor verdadero, el amor de la cruz, implica no solo dar algo, sino darse a uno mismo. El amor Ágape supera toda abstracción, todo envanecimiento, al proponerse como la acción de darse por otros. Esto explica por qué la única manera de mantener en nosotros este amor, es compartiéndonos con otros. La escritura nos asegura que "Dios ha derramado su amor en nuestro corazón por el Espíritu Santo que nos ha dado" (Romanos 5:5). Así que Dios me ha dado para que yo pueda dar, pero no puedo dar lo del Espíritu Santo que está en mí, sin darme también yo, porque el Espíritu y yo no somos "cosas", sino "personas", y el amor Ágape requiere que yo trate a mi semejante como Dios mismo me trataría. Amar como Dios ama, es darle al otro el trato de persona; de persona amada por Dios. Es por eso que la Palabra dice: "…imiten a Dios, como hijos muy amados, y lleven una vida de amor, así como Cristo nos amó y se entregó por nosotros como ofrenda y sacrificio fragante para Dios" (Efesios

5:1-2). Aquí, "imitar" (mimeomai), es reproducir lo que se ha hecho, de modo que el cristiano sabe que el verdadero acto de amar, implica vivir para los demás. En relación a esto, Lutero enseñó que: "El cristiano vive fuera de sí mismo."

El egoísmo, que tanto describe la manera defectuosa del amor humano, es retener a uno mismo para uno mismo; la entrega por el otro es lo verdaderamente Divino: "la entrega infinita (el darse) es la ley de la vida interna de Dios. Él ha hecho del compartirnos a nosotros mismos, la ley de nuestro propio ser. Así que es en amar a los otros que mejor nos amamos a nosotros mismos… El regalo del amor es el regalo del poder y la capacidad de amar y, por lo tanto, dar amor con total afecto es también recibirlo. De tal manera que el amor sólo puede ser mantenido al ser dado y sólo puede ser dado perfectamente cuando es también recibido" (Merton, 1967: 19-20).

Es la vida a partir de la fe, la que hace posible la libertad como pre condición impostergable para amar. Es por medio de la fe que somos salvos; es por la fe que hemos roto con el pecado que nos esclavizaba. Ahora, por medio de la fe, aceptamos ser hijos y no esclavos. La fe antecede al amor, porque la fe es la única manera de recobrar la libertad perdida en Adán. La fe nos hace completamente libres. Por eso, quien no ama no es libre; el tal, todavía está demasiado ocupado en sí mismo, en buscarse y en complacerse. El apóstol Pablo nos recuerda: "Cristo nos libertó para que vivamos en libertad…" (Gálatas 5:1). Pablo insiste en que esa libertad se ejerce al no depender de nuestros propios esfuerzos y piadosas proezas, lo cual significaría haber "caído de la gracia." Para Pablo sólo cuenta: "…la fe que actúa mediante el amor." (Gálatas 5:6). Somos libres. no para el libertinaje, sino con un fin superior: "…para servirse unos a otros con amor." (Gálatas 5:13).

Es por esto que debemos estar libres, ya que el amor de verdad no es egoísta ("no busca lo suyo"). Solo cuando busco el bienestar del otro antes que el mío propio, actúo en libertad: libertad de mis deseos, de mis intereses; libertad de tenerme como centro de todo.

La dinámica de la fe y el amor

El amor no es una realidad que se suscita dentro del cristiano, ni deriva de él, ni le pertenece como posesión. El amor es un regalo de Dios puesto en mi para los demás; así que el amor me une por la fe, al que me lo ha dado, y me une por amor, a quien yo debo darlo. Lutero lo explica así: "El cristiano es libre de todos y no está sujeto a nada (por la fe); el cristiano es servidor de todos y está supeditado a todas las cosas (por amor)" (CF. Lutero, 1983:50).

El amor Ágape es inseparable de la fe. Amar es vivir correctamente, pero no se puede vivir correctamente sin creer correctamente. El ser humano, desconectado de Dios, no puede manifestar el amor del cual Dios es la Esencia y la Fuente. El amor es únicamente posible como realidad en la vida humana, después de que Dios y el ser humano son reconciliados, pero eso no puede suceder sin que primero actúe la fe. De no ser por la fe, el amor es una realidad ajena al ser humano. La fe es lo único que nos puede llevar a conocer a Dios (al Amor), y ser apropiados por Él. Para Dios, conocer y amar son la misma acción. Todo lo que Dios conoce lo ama y se une a todo lo que ama. Toda la expectativa de la fe se proyecta a la comunión eterna del cara a cara con Dios, lo cual nos llevará al conocimiento pleno; dice Pablo: "…entonces veremos cara a cara. Ahora conozco de manera imperfecta, pero entonces conoceré tal y como soy conocido." (1 Corintios 13:12).

La fe hace posible la experiencia de amar porque es la fe la que nos permite conocer lo que de otra manera sería imposible. Por la fe, experimentamos la gracia como realidad a la que solo podemos conocer uniéndonos a ella: "…Dios nos dio vida en unión con Cristo" (Colosenses 2:13). Entonces, la fe nos une a Cristo, porque únicamente en unión con Cristo se puede amar.

Pablo en su carta a los Gálatas asegura que: "En Cristo…lo que vale es la fe que actúa mediante el amor." (5:6). Esto significa que lo que comienza por ser fe, debe tornarse en expresiones evidentes de amor, lo cual se corresponde a aquello de que: "…la fe sin obras está muerta." El amor es la obra autenticadora de la fe; los signos vitales de su presencia. De la misma manera que la flor en el árbol es la única posibilidad de llevar fruto, la fe es la flor que se torna en fruto, que se torna en amor. Así como no puede haber uno sin el otro, la fe no puede probar ser lo que es sin amar, y el amor es falso, si no proviene de la fe.

Toda la vida del cristiano se desarrolla entre la fe y el amor. La fe nos lleva a Dios y, por amor, Dios nos devuelve al prójimo. Toda fe verdadera termina en el prójimo, en la verdadera vida de servicio a quienes me rodean. Por eso, Juan escribe: "Si alguno afirma: 'yo amo a Dios', pero odia a su hermano, es un mentiroso, pues el que no ama a su hermano, a quien ha visto, no puede amar a Dios a quien no ha visto." (1 Juan 4:20). La nueva manera de relacionarnos a la que nos llama el cristianismo, es una en la que no hay mentira, sino verdadera fe y verdadero amor.

Capítulo 6

La Comunidad del Ágape

El Reino de Dios es la dimensión celestial donde confluyen la comunión y la vida de comunidad. No hay un modelo real y aplicable de comunidad para la iglesia fuera del modelo de comunión permanente que existe al interior de la comunidad eterna: La Trinidad. El Reino de Dios es la Dimensión Divina donde todo se entreteje en comunión y comunidad; se trata del Reino del Amor, del cual la iglesia debe ser expresión viva en la historia humana.

Entonces la iglesia, para ser la manifestación humana del Reino en el aquí y ahora, debe aprender a vivir y a reproducir esa dinámica interactiva de: "comunión y comunidad." Jesús lo explica de esta manera:

"No ruego solo por éstos. Ruego también por los que han de creer en mí por el mensaje de ellos, para que todos sean uno, Padre, así como tú estás en mí y yo en ti, permite que ellos también estén en nosotros, para que el mundo crea que tú me has enviado. Yo les he dado la gloria que me diste, para que sean uno, así como nosotros somos uno: Yo en ellos y Tú en mí. Permite que alcancen la perfección en la unidad, y así el mundo reconozca que tú me enviaste y que los has amado a ellos tal como me has amado a mí. Padre, quiero que los que me has dado estén conmigo donde yo estoy. Que vean mi gloria, la gloria que me has dado porque me amaste desde antes de la creación del mundo. Padre justo, aunque el mundo no te conoce, yo sí te conozco, y estos reconocen que tú me enviaste. Yo les he dado a conocer quién eres, y seguiré haciéndolo, para que el amor con que me has amado esté en ellos, y yo mismo esté en ellos. (Juan 17:20-26).

Como se puede ver, la iglesia no puede llegar a ser una verdadera comunidad de Reino, ser "uno" (v. 21), sin que pasen dos cosas previas: La primera es "creer" en Jesucristo (v. 20) y, segundo, estar "en" comunión con el Padre y el Hijo: "… ellos también estén en nosotros" (v. 21). Es valioso destacar que el mismo principio de unidad que opera entre las personas de la Trinidad, debe operar también en la dinámica de la comunidad de creyentes. Y además, de la misma manera en que esa unidad es el testimonio contundente de la Divinidad del Señor ("el mundo reconozca que tú me enviaste"), así también debe ocurrir para que, por medio de la unidad, se autentique la verdadera iglesia: "De este modo todos sabrán que son mis discípulos, si se aman los unos a los otros" (Juan 13:35). Así que podemos identificar dos movimientos: uno al interior mismo de la comunidad (endógeno), y otro, que toma lugar hacia el exterior de dicha comunidad (exógeno). En todo caso lo que sucede "en" y "a través" de la iglesia, es la obra de la vida de unidad. De la misma manera que en el caso del planeta Tierra, en el cual operan dos fuerzas simultáneas (la rotación y la traslación), vemos que la iglesia existe en medio de la comunión y la comunidad.

En conclusión, podríamos decir que no hay verdadera comunidad sin que primero exista verdadera comunión. La fe en Cristo (fides christi), nos lleva a Dios para entrar a la comunión eterna, y así poder regresar en amor (amor frater), al prójimo (la comunidad terrena). La fe es, pues, la respuesta al amor divino (1 Juan 4:19-20), para llegar a ser caudal de ese amor, es decir, para que seamos la respuesta de Dios a la necesidad humana.

La comunidad del Espíritu

La vida de koinonía (comunidad fraternal), a la que está llamada la iglesia, está siempre mediada por el Espíritu Santo. Esto nos recuerda que la iglesia no es una institución o sociedad de origen y fines humanos. Como bien señala el teólogo alemán Dietrich Bonhoeffer en su pequeña obra "Vida en Comunidad," la iglesia es una comunidad neumática y no psíquica (CF. Bonhoeffer, 1983: 21-24). Esto es de capital importancia porque precisamente por ser una comunidad neumática (del Espíritu), es una comunidad que se organiza y vive para amar.

No debemos olvidar que la esencia misma de Dios es ser "Espíritu" (Juan 4:24) y "amor" (1 Juan 4:8). Por supuesto, Dios es también la Comunidad Eterna, es decir, un solo Dios que vive en la comunidad formada por sus tres personas (Padre, Hijo y Espíritu Santo). La teología cristiana ortodoxa explica por medio de la doctrina de la perichóresis, que las Tres Personas no pueden separarse nunca, sino que, por el contrario, habitan eternamente en una intersección mutua (la interpenetración de las Tres Personas). Se sostiene también que el Espíritu Santo procede "del Padre y del Hijo", lo cual se explica por medio de la doctrina del amor eterno que existe entre ambos (Juan 17:24). Ahora bien, cada vez que Dios ama, le es inevitable auto revelarse (darse a conocer) y auto entregarse (compartirse en amor). Al amarse, el Padre y el Hijo revelan su esencia de amor y la comparten entre sí; de ahí que el Espíritu Santo es el amor eterno y consustancial que comparten incesantemente el Padre y el Hijo. Es por eso que el apóstol Pablo asegura: "…Dios ha derramado su amor en nuestro corazón por el Espíritu Santo que nos ha dado." (Romanos 5:5). Así que tener el Espíritu Santo, es igual a tener el Ágape en nosotros. Tener el Ágape en nosotros, significa estar habilitados por Dios para vivir en nuestro propósito eterno.

La Escritura enseña que Dios nos ha restaurado en nuestro status de hijos; dice Pablo: "…por medio de él (de Cristo) tenemos acceso al Padre por un mismo Espíritu" (Efesios 2:18). De esta manera, ese mismo Espíritu que une al Padre y al Hijo en amor, ahora nos vincula a nosotros para que participemos en calidad de hijos, de la comunidad eterna (comunión), que es el origen de la "familia de Dios" (la comunidad de hijos). Así continúa Pablo: "Por lo tanto, ustedes ya no son ni extraños ni extranjeros, sino conciudadanos de los santos y miembros de la familia de Dios" (v.19). Nadie puede ser integrado a la "comunión" y a la "comunidad", sin primero creer en Cristo y tener en su vida al Espíritu Santo. Lo primero que Dios nos da después de unirnos a Cristo por medio de la fe - "…el que se une al Señor se hace uno con él en Espíritu" (1 Corintios 6:17)-, es "El Espíritu de Cristo" (Romanos 8:9), también llamado "el Espíritu que nos hace hijos" (de la adopción), que nos permite clamar "Abba Padre" (Romanos 8:15). Es necesario decir todo esto para que se entienda que, desde el primer día, Dios no nos permite vivir la vida de fe sino únicamente dentro de la comunión y de la comunidad de sus hijos. Esto, por sí mismo, nos indica que la manera en que Dios quiere que vivamos, está determinada por lo que Él dice que somos: El ser hijos, santos, herederos, cuerpo, iglesia, pueblo de Dios, etc., son todas realidades colectivas. Y esto obedece a la sencilla razón de que la iglesia tiene por misión el ministerio de la reconciliación: hacer de muchos, uno solo.

La iglesia: Comunidad reconciliada y reconciliadora

Sin ser comunión y comunidad, la iglesia no tiene ninguna misión histórica. La actividad de la comunión y de la comunidad, es un signo de la presencia del Reino de Dios en la tierra por medio de la iglesia. De esta manera, el plano vertical y el horizontal se mezclan en una realidad visible, compuesta e integrada, de lo Divino y de lo humano. Esa realidad concreta es el Cuerpo de Cristo en la tierra, el anticipo del Reino, la comunidad que proclama el nuevo futuro por medio de la reconciliación. Esa reconciliación es la propuesta concreta del amor Divino para el ser humano: "el proyecto Ágape".

Sin embargo, la reconciliación no es un discurso descarnado de la realidad; no puede existir sin una experiencia viva, un modelo dinámico de lo que significa vivir reconciliado. El proyecto Ágape desafía a la iglesia, porque a ésta se le exige "ser el mensaje" y no solamente proclamarlo. Si la iglesia no se sabe -y organiza-, como la comunidad de los reconciliados (el modelo dinámico del proyecto Ágape), no puede ser el agente reconciliador del Reino en la tierra. El Reino de Dios es la vida ya reconciliada; por eso se le exige a la iglesia ser, en la tierra, una señal evidente de una realidad celestial. Vivir en reconciliación, es vivir ya en la realidad futura del Reino de Dios, y esto es indispensable, porque la iglesia solo puede invitar a participar de aquello de lo que ella participa. Además, la iglesia no se organiza y vive por sí misma y para sí misma, sino que se organiza y vive en función del Reino. La iglesia no es un fin en sí misma; por eso, orienta su misión siempre en función del Reino.

La iglesia es la comunidad escatológica: esto quiere decir que es un asunto del futuro en pleno presente. Ser la iglesia es la posibilidad de experimentar el futuro (el Reino de Dios), en medio de la realidad histórica presente. La iglesia es para el Reino, lo que una maqueta es para un edificio: está llamada a ser la dinámica y realidad del Reino en pequeña escala. La iglesia es la comunidad del futuro en el presente, por causa del amor Ágape. El Ágape es una relación perfecta y, por lo tanto, eterna. El Ágape es parte esencial del futuro eterno y es, a su vez, el eterno presente de Dios. Amando como Dios ama, la iglesia es la expresión viva del Reino futuro en el presente.

El Reino de Dios es la comunión y la comunidad donde las relaciones interpersonales son perfectas. Esto es posible porque el Padre, el Hijo, y el Espíritu Santo, están unidos en el Ágape. La única manera de calibrar si la iglesia vive en reconciliación, es si al examinar la calidad de sus relaciones interpersonales, verificamos las esencias del Reino: Ser una comunidad espiritual unida y movida por el Ágape. Si la iglesia se niega a vivir en este nivel, no es, ni tiene, un mensaje reconciliador. Por lo tanto, el proyecto Ágape consiste en hacer posible que la iglesia regrese a ser "una comunidad" (lugar de relaciones), "espiritual" (en comunión con el Dios-Espíritu) y "unida y movida por amor" (reconciliada y reconciliadora). El pecado es, en esencia, la acción de "desconciliacion"; por eso es que Dios se propuso reconciliar todo. Esto asegura Pablo:

que Dios se ha propuesto "…reunir en él (Cristo) todas las cosas, tanto las del cielo como las de la tierra" (Efesios 1:10). La iglesia participa de ese propósito Divino de reunir todo bajo Cristo (Anakefalaiosis), pero sería contradictorio dedicarnos a ser agentes de "reconciliación", si vivimos en "desconciliacion."

La comunidad del vínculo perfecto

En la iglesia todos somos: "hermanos en el Señor" (Filemón 1:16); solo por medio de Jesucristo y del Espíritu que nos fue dado al creer en Él, llegamos a ser hermanos: familia de Dios. Nosotros, al entrar en comunión con Dios, fuimos insertados a la comunidad de Sus hijos en la que todos somos hermanos. Nosotros no escogimos a estos hermanos, porque la comunidad a la que pertenecemos no está organizada a nuestra conveniencia y a nuestra elección. Aceptar al otro es, en primer lugar, un principio del Reino, porque el Reino de Dios es el lugar donde la voluntad de Dios se ejecuta de manera perfecta: "Venga tu Reino, hágase tu voluntad en la tierra como en el cielo." (Mateo 6:10). Además, el Reino de Dios es donde procuramos la voluntad de Dios, porque en el Reino todos vivimos como hijos ("Padre nuestro que estás en el cielo"). La primera voluntad de mi Padre es que acepte a sus otros hijos como mis hermanos. En esta nueva comunidad, en esta

nueva creación todo está mediado por medio del
amor Divino; no es mi amor humano el que me
hace hermano con aquel otro, sino que el amor
de Dios es el vínculo. Esta comunidad es algo
trascendente, algo Divino, porque se sostiene por
el poder de la obra de la cruz. En esta comunidad,
ya no podemos ver al otro como un enemigo al
que debo sobrevivir, ni lo vemos como opuesto
competidor: aquí, todos somos hermanos y la
"desconciliación" no existe. El Reino de Dios
es la comunidad perfecta que debe mostrar sus
signos hoy al interior de la iglesia. Es algo así
como que la iglesia lleva dentro de sí las señales
del Reino; está embarazada de él.

Una vez reconciliados con Dios, nos
corresponde vivir en conciliación con nuestro
hermano. Esta comunidad existe entre la fe y
el amor. Esta comunidad alberga a personas
con sus diferencias y problemas—no se trata
de la comunidad perfecta del Reino de Dios—;
es la comunidad de los "santos-pecadores",
aquellos que todavía pecan, aunque han resuelto
no pecar más. Esto significa que no debemos
idealizar románticamente a la iglesia, no podemos
hacernos "una imagen quimérica de comunidad"
(Bonhoeffer Op Cit. 17). La iglesia de Cristo
en la tierra es, al mismo tiempo, el "sanctorum
communio", y la "asamblea peccatorum." Esta
comunidad no es ciertamente angelical; esta

comunidad llamada *la iglesia*, es el reservorio de aquellos que se recuperan del efecto de la caída: pecadores en recuperación. Al entender las limitaciones de esta comunidad, podremos evitar las decepciones y asumir conscientemente los retos.

Es por eso precisamente, que la iglesia únicamente debe organizarse y operar en base al vínculo perfecto: el amor. La escritura deja claro que solo a través del Ágape es posible constituir una comunidad a partir de personas imperfectas. Estas son las palabras asertivas del apóstol Pablo: "Por lo tanto, como pueblo escogido de Dios, santo y amado, revístanse de afecto entrañable y de bondad, humildad, amabilidad y paciencia, de modo que se toleren unos a otros y se perdonen si alguno tiene queja contra otro. Así como el Señor los perdonó, perdonen también ustedes. Por encima de todo, vístanse de amor, que es el vínculo perfecto." (Colosenses 3:12-14)

Solo por medio de la actividad sobrenatural del Espíritu, el ser humano puede ser transformado para vivir como "santo y amado". El vínculo, la conexión indivisible del Ágape, es la única manera de "soportarnos y perdonarnos unos a otros". Es así que, por medio del Ágape, la iglesia se empodera para ser el "espacio de la reconciliación", la "zona de actividad del Ágape

Divino". Podemos concluir en que ningún acto Divino está desencarnado de amor; así que todo lo que tiene su origen en Él, surge de la misma e inmutable motivación.

Una sola iglesia, un solo mandamiento, un solo fruto

Estar unidos es la acción de participar de aquello que tenemos "en común", lo que nos une. Por eso debemos empezar por internalizar que la iglesia es una sola. Una de las peores tragedias del cristianismo contemporáneo es el pésimo testimonio de unidad mostrado por la iglesia cristiana. La iglesia no puede existir dividida, porque la une un solo Espíritu, Quien nos hace hijos del mismo Padre. Para preservar la unidad del cuerpo de Cristo, Dios nos ha dado el participar de dos elementos comunes: un mandamiento único y un fruto único.

A.   El mandamiento único.

Nuestro Señor resumió toda la ley y los profetas (la revelación escrita), en un solo mandamiento: "amar a Dios y amar al prójimo" (Mateo 22:36-40; Gálatas 5:14). Este único mandamiento se conoce en el Nuevo Testamento como "la ley de Cristo" (Gálatas 6:2; Romanos 8:3-4). La ley de Moisés, en ambas tablas, guardaba relación con Dios y guardaba relación con el prójimo; contemplaba que solo podía ser cumplida si se basaba en el amor. A esto usualmente se le llama "el espíritu de la ley" (su esencia). Jesús, por lo tanto, no emite una nueva ley, sino que recobra ese espíritu olvidado de la ley, es decir, recobra su esencia.

En el Reino de Dios, todo el aparato jurídico opera sobre una constitución formada por un único mandamiento. De esta manera el ciudadano del Reino (la iglesia), no puede tener duda alguna de lo que Dios le da por propósito y por misión. Es incomprensible que, si todo ha sido reducido a lo más esencial y necesario (el amar), la iglesia en su organización y vida no refleje lo más importante en el Reino. Así que la práctica del amor es la dinámica de vida en el Reino y debería serlo también para la iglesia. Se trata del amor sobrenatural de Dios, que incluso nos lleva a amar, aún, a nuestros enemigos (Mateo 5:43-48; Romanos 12:20).

El amor de Cristo manifestado a través del cristiano, es un amor que debe ser asumido como inaplazable; no es un asunto emotivo, circunstancial o contingente, sino que se le debe tener por ley y deuda: "no tengan deudas pendientes con nadie, a no ser la de amarse unos a otros…" (Romanos 13:8). Al cristiano se le pide amar concretamente: "…no amemos de palabra ni de labios para afuera, sino con hechos y en verdad." (1 Juan 3:18). Se le da una medida concreta de su acción: "como a tí mismo"; "como Cristo amó a la iglesia", o "como Cristo nos ha amado" (Mateo 22:39; Efesios 5:25; Juan 13:34; 15:12-13; 1 Juan 3:16).

Lo que nunca se debe enseñar como doctrina cristiana, es que el cristiano se ame a sí mismo. El auto amor, como práctica, no es cristianismo bíblico. Esto quiere decir que, cuando Jesús enseñó que amemos a nuestro prójimo "…como a ti mismo", usó algo que es una práctica inherente a la persona humana: Dios parte de esa asunción básica y la usa como referencia concreta, para evitar que el amor sea vago e insustanciado. El amor "a uno mismo" (amor sui), es considerado narcisismo y nunca ha sido tenido por doctrina de fe. Al contrario, los reformadores como Lutero, enseñaban lo opuesto (odium sui); esto es, el desprecio o la negación de la voluntad humana, como incompatible a la de Dios. Incluso Calvino calificaba de "peste" al amor a sí mismo (CF. Fromm, 1974:72).

Amar a los demás "como a ti mismo", da por sentado que hay un amor propio ya plantado instintivamente en cada ser humano; algo así como el instinto de la auto preservación o supervivencia ("nadie se odia a sí mismo", Efesios 5:29). Lutero incluso dice que si la intención de Dios era la de ordenarnos el amor propio, hubiera dicho entonces: "ámate a ti y a tu prójimo como a ti mismo" (CF. Forell, 1954:97). Una paráfrasis de lo que significa eso de amar al prójimo "como a ti mismo", debería ser: "con la misma fuerza con la que buscas tu beneficio, búscalo también para tu prójimo."

B. El fruto del Espíritu

El Espíritu Santo que vive y une a la iglesia como comunión y como comunidad, manifiesta un solo fruto, no dos, o tres, sino solo uno. Ese único fruto es el amor, y éste, expresado en hechos concretos correspondientes con el amor concreto de los cristianos. Como ya hemos dicho, el amor como fruto del Espíritu Santo (gozo, paz, paciencia, bondad, fidelidad, amabilidad, humildad y dominio propio), son virtudes que el Espíritu Santo habilita en la vida del cristiano, para que las relaciones de la vida de comunidad puedan ser plenas y saludables. Debido a que el amor es el fruto universal del Espíritu al interior de la iglesia, toda la vida y misión de ésta debe reorganizarse y evaluarse a la luz del Ágape.

El asunto opera de esta manera: por un lado, Dios nos ordena que amemos y, por el otro, Dios hace posible, por medio de su Espíritu Santo, que llevemos a cabo aquello que nos ordenó hacer. Tal parece que Dios se asegura de que vivamos el tipo de vida de comunión y comunidad para la cual nos creó; es de esta manera como llega a ser una experiencia real por medio de la actividad del Espíritu Santo en cada creyente. No se trata de una ilusión humanista o de una antropología positivista; debemos darnos cuenta de que no se trata del "fruto del cristiano", sino "del Espíritu", lo cual quiere decir que Dios, conociendo nuestras limitaciones, nos capacita para que su diseño no se vea aplazado. La presencia de estas manifestaciones espirituales garantiza que las señales del Reino de Dios por medio de la iglesia sigan visibles. La iglesia debe regresar a ser la comunidad donde el fruto del Espíritu es cultivado.

Cultivar el fruto del Espíritu no es otra cosa que la experiencia de vida en el Reino, es decir, la vida dentro de nuevas relaciones, dirigida por la obra del Espíritu Santo. El fin del fruto del Espíritu son las relaciones humanas según el plano superior del Reino de Dios.

En síntesis, podemos decir que la iglesia no tiene ninguna finalidad o misión, sino la de ser la comunión y la comunidad del Reino en la tierra: todo lo demás deriva de esta primigenia condición. No hay tal cosa como "el ministerio de la reconciliación", sin que la iglesia sea la comunidad de los reconciliados y, por lo tanto, la comunidad de los que viven en comunión. Así pues, la misión de la iglesia está determinada por la identidad de la iglesia y, sin saber "quién es", no sabrá "qué hacer". La iglesia tiene que "ser" para "hacer". Solo cuando la iglesia vive de manera reconciliada en el amor Ágape, puede reconciliar al mundo con Cristo. La expresión de San Agustín "ama y haz lo que quieras" (dirige, *et quod vis fac*), quiere denotar que cuando alguien ama como Dios lo hace, todo lo que hace es correcto y es perfecto.

Referencias Bibliográficas

Tillich, Paul. Teología Sistemática. (Salamanca, Ed. Sígueme, 1989)

Bonhoeffer, Dietrich. Vida en Comunidad. (Salamanca, Ed. Sígueme, 1983)

Lutero, Martin. Tratado de la Libertad Cristiana (Buenos Aires, Ed. La Aurora, 1983)

Merton, Thomas. No Man is an Island. (New York, Image Books, 1967)

Forell, George. Faith Active in Love. (Minneapolis, Ed. Clie, 2007)

Schaeffer, Francis. Huyendo de la Razón. (Barcelona, Ed. Clie, 2007)

Cassese, Giacomo. Amar y Nada Más. (México, Ediciones Palabra de Vida, 2020).

Epílogo

Hemos discurrido sobre el amor, sin duda se trata del combustible de la civilización humana. Este asunto del amor es tan cavernario como actual porque todo el devenir de la raza humana, se puede resumir en la frenética búsqueda del amor, sí, del amar y del ser amado por alguien. Pero la autoconciencia humana del amar como ideal supremo, no ha conseguido que este sea la realidad suprema

El desarrollo de la convivencia humana comprueba que el siglo XX, fue el siglo de más guerras y de más muertes en toda la historia universal, y ante tan funesto panorama, cabe preguntarse ¿será alguna vez el amor la realidad suprema de la convivencia humana? El ideal cristiano está planteado en el Reino de Dios, el cual es la perfecta convivencia de amor entre Dios y los hombres. El Reino de Dios es la esperanza de vida cristiana que determina vivir hoy de la misma manera como concibe su futuro.

El gran literato británico C.S. Lewis decía que la prueba de que existe una realidad trascendente y divina consiste en que el ser humano experimenta "deseos" de algo superior a sí mismo que nunca antes ha conocido en teoría o experimentado. El ser humano en cualquier tiempo de su historia ha deseado amar y ser amado. Pero ese deseo innato que se exacerba en él no logra ser satisfecho plenamente por eso a lo que él llama "amor". La realidad es que la versión humana del verdadero amor siempre terminará por ser decepcionante; se tornará siempre en un torbellino de frustración y desconsuelo.

El deseo prístino de amar y ser amado no se aleja de los humanos, y estos siguen intentando estar completos y satisfechos con suma resiliencia. Pero duplicar la dosis del mismo tipo de amor es inútil; la sobredosis del amor humano es sólo un paliativo momentáneo y una clara evidencia de su desesperación por tener algo más puro, real y verdadero. Blas Pascal decía que el ser humano posee un vacío con la forma de Dios, y a no ser que Dios lo llene, vivirá en un estado de intranquilidad y angustia. Este libro ha sido una travesía que he recorrido junto al Dr. Pontón, ahora ya desde este otro lado de la orilla, se observa con nitidez el asunto sobre el que hemos discurrido, que el ser humano en el ejercicio de su virtud suprema (el amor), puede también dañarse y hacer daño. La única posibilidad para que el ser humano esté completo y satisfecho en el amor, es si el amor divino se manifiesta en y a través de él. Toda la historia de la humanidad es la historia de personas que buscan con ímpetu amar y ser amados, luchan con determinación para satisfacer un deseo que les constriñe, pero sin saber el por qué, y el cómo. El universo siempre se moverá por su necesidad más básica: amar y ser amado.

—Giacomo Cassese, Mayo 2023

SOBRE LOS AUTORES

Marcel Pontón, PhD es un neuropsicólogo clínico con más de 30 años de experiencia en la evaluación y tratamiento de pacientes. Es profesor clínico asociado en el Departamento de Psiquiatría de la Universidad de California Los Ángeles, y es profesor asociado adjunto de consejería pastoral en el Seminario Teológico Fuller. El Dr. Pontón es conferencista, autor y tiene su práctica privada en Pasadena, CA.

Giacomo Cassese, PhD es un teólogo e historiador que se desenvuelve como pastor, conferencista, autor y podcaster. Él es profesor del Florida Center for Theological Studies en Miami, Florida, y otros centros de estudios teológicos en los Estados Unidos y Latinoamérica. Su podcast, *Combustible para la Vida* aparece todas las semanas en múltiples plataformas. Un autor prolífico, ha escrito 24 libros.

Printed in the USA
CPSIA information can be obtained
at www.ICGtesting.com
LVHW050011110424
776970LV00018B/325

9 781962 624671